MOONSHOT SALES

A inspiração que faltava para você alcançar
resultados exponenciais com suas vendas

2ª. EDIÇÃO
Jundiaí - 2020

MOONSHOT SALES

Augusto Salomon

Ficha técnica

2ª edição – maio de 2020

Depoimentos: Augusto Salomon

Texto e edição: Augusto Salomon e Gabriela Gasparin

Transcrições: Gabriela Maria Ribeiro, Larissa Leão Gondin e Tâmara Bringel.

Capa, Projeto Gráfico e Diagramação: Cleber Machado

Revisão: Luna D'Alama

Foto do autor: Arquivo Pessoal

https://www.moonshotsales.com

book@moonshotsales.com

Sumário

Ao meu tio Valdise (in memoriam), um dos maiores vendedores e empreendedores que conheci

PREFÁCIO

A natureza mutante e em constante evolução do mundo das vendas

Muitas pessoas podem se perguntar: "Por que precisamos de mais um livro sobre vendas?". A resposta é bastante simples: esse cenário é altamente dinâmico e continuará mudando à medida que surgirem novos desafios. Os vendedores precisam desenvolver novas habilidades e competências para evitar que se tornem obsoletos. Com a disponibilidade de vastas fontes de informação, os clientes hoje têm consideravelmente mais poder do que aqueles de alguns anos atrás. E esse poder requer do vendedor um melhor entendimento das necessidades do comprador, antes de efetuar a venda propriamente dita. Impõe, ainda, uma maior demanda do tempo desse cliente, além de submetê-lo a processos de tomada de decisão cada vez mais complexos. Não é mais tão simples vender para uma pessoa ou empresa. O vendedor é um especialista nesse processo e, para ser bem-sucedido, tem que saber se comportar como tal. As organizações estão introduzindo produtos e soluções cada vez mais inovadores e sofisticados, trazendo também consigo expectativas mais altas. Essas demandas exigem abordagens ainda mais inteligentes e metas mais ambiciosas. Os profissionais da área, portanto, devem entender como navegar não apenas junto ao cliente, mas também nos processos de vendas, atuando como gerentes de conhecimento e revendedores de informações.

A natureza do cliente mudou fundamentalmente e continuará se modificando à medida que as tecnologias e estruturas que sustentam o mercado se tornarem cada vez mais complexas e democráticas. Assim como um mercado mais transparente capacita os compradores, as táticas, abordagens e ferramentas que permitem aos fornecedores atendê-los de maneira competitiva também vão continuar sofrendo alterações. O novo consumidor mantém um padrão de exigência extremamente alto em todas as suas interações com os vendedores, e estes, de forma a proporcionar a melhor experiência possível, deverão estar continuamente preparados para responder à seguinte pergunta: "Como o meu produto ou serviço ajudará no negócio do cliente?". Os consumidores têm a razoável expectativa de que seu fornecedor esteja apto a responder a essa pergunta – porque a competitividade e a qualidade da concorrência estão mais elevadas do que nunca. As experiências desses clientes – a natureza de suas trocas transacionais e interações interpessoais – também se tornaram parte integrante dessa equação.

Cada vez mais, os compradores demandarão mais atenção às suas dúvidas e preocupações e também às suas necessidades e aos seus desejos. Com a alta competitividade do mercado, há sempre uma infinidade de vendedores ávidos pela mesma oportunidade. Os clientes têm um leque de opções e não poderão mais ser ignorados em suas exigências. A régua de quanto tempo e energia cada um deles vai requerer também aumentou. É por isso que é essencial ao vendedor ajudar o consumidor a compreender rapidamente quais são as necessidades dele, traduzindo os atributos dos produtos e serviços a serem vendidos em algo que gere valor. Interpretar essas qualidades de forma que elas entrem em sintonia com clientes cada vez mais sofisticados requer um conhecimento profundo e atual de suas ofertas, bem como da natureza de suas contas (atuais e prospecções). Somente adquirindo e aplicando esse tipo de conhecimento bilateral é que o valor poderá ser expresso de maneira efetiva.

É fato também que os clientes querem ser tratados de maneira individual e personalizada, não sendo mais adequado ao vendedor fornecer produtos e serviços "de prateleira" para todas as demandas. Os compradores querem se sentir especiais e esperam que o vendedor os faça ter experiências inesquecíveis. Transmitir efetivamente o sentimento de que você visualiza cada cliente como único é essencial para a maximização do valor e da duração das suas relações comerciais.

Finalmente, o "novo cliente" quer e espera que seus problemas e necessidades atuais e futuros sejam abordados pelos fornecedores de maneira ágil e abrangente – o que exige dos vendedores um nível mais profundo de preparação e compreensão.

Qualquer atraso substancial entre o surgimento de um problema e a sua solução envia imediatamente um sinal de má qualidade do serviço prestado ou do produto oferecido, sobre o que os clientes têm uma tolerância extremamente baixa. Cabe ao vendedor, portanto, estar sempre preparado para localizar rapidamente informações detalhadas e abrangentes, além de especificações técnicas relativas aos interesses dos compradores e, efetivamente, transmitir-lhes essas informações de maneira oportuna.

O papel da universidade na educação e no desenvolvimento de vendas

Como a natureza das vendas e as expectativas dos clientes estão mudando rapidamente, há a necessidade de mais formação e treinamento nessa área. Muitas empresas não têm recursos ou pessoal para integrar e desenvolver sua força de vendas, e muitos funcionários precisam buscar externamente o conhecimento e a preparação necessários para se destacar no mercado. Um excelente local para capacitação no setor é a universidade. Pesquisa realizada nos Estados Unidos mostra que, ao longo de uma década de análise, vendedores que se especializaram em vendas durante a universidade obtiveram performance 30% superior àqueles que não frequentaram um programa de estudos formal sobre o tema. Além disso, o tempo de permanência dos vendedores especializados no mercado de trabalho se mostrou 40% maior ao longo de dez anos. Essa é uma diferença importante, dado o problema que a maioria das empresas têm em reter bons profissionais. E, graças aos ganhos de desempenho e ao aumento da longevidade, cada contratação de um vendedor com formação acadêmica específica representa um ganho médio para as empresas de US$ 175 mil em relação a um vendedor não especializado.

Como podemos ver, o ambiente acadêmico oferece vantagens significativas. Estudar vendas em uma universidade fornece aos alunos o acesso às principais e mais modernas ferramentas analíticas da área, tanto em termos de abordar problemas como novas oportunidades de negócio. Permite, também, a integração de tópicos de vendas com outros cursos, como marketing, contabilidade, economia, comunicação e até engenharia. Os estudantes têm a oportunidade de discutir e vivenciar casos reais e aprender em equipe, garantindo assim uma formação mais ampla e consistente e tornando-os mais atrativos para o mercado de trabalho.

Talvez o aspecto mais valioso da capacitação universitária em vendas seja o fato de os educadores não estarem vinculados a uma companhia ou a uma técnica específica. À medida que os professores aprendem sobre as várias metodologias oferecidas por diferentes empresas de treinamento no mundo, podem personalizar suas disciplinas e elaborar um currículo que incorpore as várias técnicas recomendadas para cada estágio do processo de vendas. Essa "liberdade poética" faz com que os alunos tenham acesso às melhores e mais modernas teorias e práticas relacionadas à área.

Dr. Adam Rapp

Diretor Executivo do Centro de Vendas

Ralph e Luci Schey, da University de Ohio, nos EUA

(Leia o texto do prefácio original em inglês ao final desta obra)

AGRADECIMENTOS

Esta obra jamais teria se tornado realidade se não fossem as ricas experiências que vivi até aqui – tanto profissionalmente como no âmbito pessoal.

Agradeço, sobretudo, à minha esposa, **Letícia**, aos meus filhos, **Pedro** e **Luísa**, aos meus pais, **Valdéa** e **Benedicto**, e aos meus irmãos, Ana, Luís e Lúcio. Consegui chegar aonde estou graças ao irrestrito apoio e à estrutura que eles me proporcionaram durante toda a minha vida.

Muito fundamental também foi a participação da minha tia **Valcide**, figura essencial para o meu sucesso na profissão de vendedor, além de ter sido uma importante inspiração para esta obra.

Não posso deixar de agradecer, ainda, ao meu sogro, **José Clélio** (in memoriam), um ávido leitor e catedrático da língua portuguesa, e ao camarada **Edson Riera**, fonte inesgotável de experiências sobre vendas.

Por fim, agradeço a **Deus** pela oportunidade única de escrever este livro.

Apresentação

*M*oonshot (ou "tiro na Lua", em livre tradução) é uma expressão em inglês que tem sido amplamente utilizada no universo do empreendedorismo tecnológico. O termo faz alusão a uma inspiração que estimule desenvolvedores a pensar grande na hora de ter ideias e executá-las, visando a avanços inimagináveis. Significa um projeto ambicioso, inovador e radical, que busca resultados exponenciais (em grande escala[1]) no longo prazo. Sempre fui vendedor e acredito que pensar grande, para além das metas, na hora de estabelecer objetivos é o que mais tem me ajudado com as vendas em toda a minha história profissional. Por isso, resolvi intitular esta obra que você tem em mãos de *Moonshot Sales* (sales significa vendas em inglês). Qual é a chance de darmos um tiro daqui da Terra em direção à Lua

---

[1] Abandonar a ideia de evoluir ou crescer 10% para focar em uma solução que resulte em uma melhoria ou crescimento dez vezes maior. Fonte: https://singularityhub.com/2016/11/15/this-is-how-to-invent-radical-solutions-to-huge-problems/#sm.00001txgmsmn16cwcqjxqu1nwy5rz. Acessado em 1º de fevereiro de 2019.

e acertar nela? Nenhuma, mas é preciso pensar no impossível para alcançar grandes realizações.

Comecei a trabalhar com vendas aos 10 anos, na perfumaria da minha tia Valcide, na cidade mineira de Itajubá, onde nasci. Lá, eu passava as férias de final de ano, e meu maior divertimento era brincar de oferecer perfumes à clientela dela. Ao perceber meu empenho, fui oficializado por ela como vendedor temporário. Nas férias seguintes, não apenas voltei a trabalhar na loja, como resolvi inovar: ao retornar à casa dos meus pais, em Castilho, um município de São Paulo na divisa com Mato Grosso do Sul, apareci com a mala cheia de produtos comprados da minha tia e com o dinheiro que ela havia me pagado pelas vendas. O objetivo era revendê-los aos moradores do condomínio. O estoque acabou em poucos dias.

Desde então, nunca mais parei de vender. Da loja da minha tia, onde estive por quatro férias seguidas, fui ser vendedor no comércio de peças eletrônicas do meu tio, também em Itajubá. Paralelamente, no meu dia a dia, sempre estava vendendo alguma coisa. Vendi jornais velhos ao açougue do condomínio, lavagem de carros aos moradores, instalação de antenas aos clientes da loja do meu tio e até fichas para jogar videogame em uma barraca de festa junina. Durante a faculdade de Engenharia Elétrica, vendi aulas de tênis aos alunos e fui presidente do Diretório Acadêmico, posto que me permitiu seguir nos negócios: promovi inúmeras festas, shows, excursões, reformas e melhorias envolvendo relações comerciais.

Quando me formei engenheiro, em 1997, até tentei trabalhar na área técnica, porém, bastaram duas breves experiências para eu perceber que carregar pranchetas e supervisionar obras não era o meu mundo. Eu gostava mesmo era de lidar com gente. O pequeno desvio logo foi corrigido e, meses depois de formado, lá estava eu me candidatando a uma vaga de vendedor. Comecei como analista de pré-vendas na empresa portuguesa do ramo de telecomunicações Cabelte. Seis anos depois, fui contratado como vendedor na Algar Telecom, onde estou há 15 anos, cada hora fazendo uma coisa diferente, mas sempre na área comercial. Passei por vários cargos até chegar a diretor. Enquanto escrevia este livro, era responsável pela direção de expansão de negócios da companhia.

Hoje, ao olhar para trás, vejo que consegui realizar muitas coisas relevantes na minha vida sendo vendedor. Em 2017, acumulei o resultado de um bilhão de dólares em vendas durante toda a minha trajetória, número extremamente relevante e diferenciado, sobretudo se considerada a minha área de atuação.

As vendas me proporcionaram ter o que sempre sonhei, desde bens materiais até promover bem-estar à minha família. Sempre gostei muito de conversar e lidar com gente, e tenho a felicidade de fazer isso diariamente na minha profissão. Além de conquistas pessoais, faço a diferença nas empresas pelas quais passo, colaborando para colocá-las em outro patamar, o que também me realiza profundamente.

Ao longo de uma vida inteira dedicada às vendas, acumulei muitas experiências, conheci inúmeras histórias. Isso me possibilitou chegar a algumas conclusões sobre a profissão que escolhi para chamar de minha. Há muitos mitos e estigmas que circulam na área de vendas. O senso comum diz que um bom vendedor ou uma boa vendedora é aquele(a) que tem talento, boa lábia e nasce com dom para as vendas. E que ser comunicativo é tudo para se tornar um ótimo profissional. "Tenho talento, sei falar bem, sou vendedor", pensam alguns. Sinto dizer que essas pessoas estão redondamente enganadas. Basta esse "comunicador de nascença" começar a trabalhar para notar que uma boa conversa faz bons amigos, mas, sozinha, não vende. Quanto mais exclusivo for o produto ou o serviço que se está vendendo, mais preparo, estudo e planejamento são necessários.

Se ser talentoso não é o suficiente para ter sucesso com vendas, trago uma boa notícia aos que acreditam que não vendem bem por falta de dom. Se há algo em comum entre os vendedores ou vendedoras que se destacam, está longe de ser a "boa genética" ou "ter nascido para as vendas". O que faz a diferença é pensar grande desde o começo e aliar essa ambição pessoal a muito estudo, capacitação, planejamento e dedicação. É possuir um olhar atento e criativo, saber conjugar um sonho pessoal, uma ambição de vida, com o resultado esperado para a empresa em que se trabalha. É ter sensibilidade nas relações com o cliente, ser atencioso, transparente e prestativo. É possível ser excepcional com vendas desde que se conheça o cliente, que haja preparo, motivação interna, execução e resiliência. Tudo isso, somado a uma boa conversa, é que traz bons resultados.

Os estigmas que rondam a profissão não param por aí. Por mais que ser um vendedor de sucesso seja visto como glamouroso por alguns, há quem pense que trabalhar com vendas é destino de quem não deu certo com outra coisa. Que o vendedor é um vilão, um mentiroso querendo empurrar produtos, a qualquer custo, goela abaixo do comprador. São ideias que precisam ser desmistificadas. O vendedor sério é transparente e honesto.

Em uma relação de compra e venda, sempre há interesses de ambas as partes. Alguém quer vender e alguém quer comprar. Diferentemente do que muitos pensam, o bom profissional de vendas não é o vilão, mas sim a solução. É importante ter essa percepção, saber que a visão sobre quem oferece alguma coisa está relacionada às necessidades do momento. Se aparece um ambulante vendendo água no farol e você está sem sede, ter que abrir o vidro do carro para dar atenção a ele é um transtorno. Mas e se você estiver com sede? É importante o vendedor saber que ele sempre tem a solução para a necessidade de alguém.

Vivemos um momento de mudanças no mundo. Na atual era exponencial[2], empresas promovem disrupções na forma de oferecer produtos e serviços, inovando e buscando escalar seus resultados. O bom vendedor, obviamente, acompanha esse movimento. A profissão de comerciante talvez seja uma das mais antigas do mundo e continuará existindo, principalmente em vendas complexas e personalizadas, que exigem a interação humana, o olho no olho, a compreensão dos problemas do cliente e a entrega de soluções exclusivas e preparadas. No ramo, também chamamos tecnicamente essas vendas de consultivas, pois, como o próprio nome sugere, o profissional atua como um consultor, fazendo um verdadeiro diagnóstico do que o cliente precisa e oferecendo uma solução muitas vezes única, exclusiva e especial para resolver o problema do cliente. Diante de um cenário cada vez mais competitivo, com a oferta de produtos e serviços a todo momento nas telas de nossos *smartphones*, o vendedor ou vendedora de sucesso é aquele(a) que faz diferente e se destaca por isso.

Com esta obra, portanto, busco ajudar, com a minha experiência, a todos os profissionais da área comercial, vendedores e vendedoras mundo afora que buscam aprimorar sua

---

[2] Era na qual há a busca por resultados em grande escala com o uso de menos recursos e o apoio da tecnologia.

habilidade com as vendas, usando o modelo do *moonshot thinking* como inspiração para obter resultados exponenciais nos negócios. Busco traçar um perfil que, ao longo da minha jornada, observo ser de destaque entre aqueles que trabalham com vendas: é o vendedor exponencial, que se arrisca para conseguir bons contatos, pensa além do óbvio para bater uma meta, é disruptivo, inovador, tem um sistema infalível e cria um ciclo virtuoso para vender bem e sempre.

Esta não se trata de uma história *show off*[3], de aparências, mas, sim, de fatos reais. Não trago nenhum manual ou método para ser um bom vendedor, porque não acredito que isso funcione. Mostro por meio não apenas da minha trajetória, mas da de colegas, pares e diversas pessoas que conheci, atitudes que resultaram em sucesso com as vendas e que coincidem muito com o comportamento que vejo em empreendedores tecnológicos da atual era. Não estou falando de gênios, mas de pessoas que, tendo um grande sonho, uma ambição, se preparam com afinco, pensam longe, não se contentam com o mediano e muitas vezes se arriscam até alcançarem excelentes patamares. Acredite: não há espaço para pessoas não preparadas e que não ousam nem se arriscam para fazer uma boa venda.

---

[3] Expressão em inglês que significa se comportar de forma proposital para mostrar competências e chamar a atenção dos demais.

Este livro é voltado a todos os vendedores que sonham grande, que buscam ir além da média, que querem alcançar resultados exponenciais com suas vendas mês após mês, sem ter medo das metas, mas tratando-as como aliadas, como marcos a serem superados. Se você não aceita resultados medianos e quer aprimorar suas habilidades como vendedor, para nunca mais precisar reclamar das suas metas, este livro é para você. Prepare-se para dar o seu moonshot e boas vendas!

Introdução – A revolução das vendas na era exponencial

A profissão de vendedor é provavelmente uma das mais antigas do mundo. De forma mais ou menos planejada, a necessidade de negociação sempre existiu, mas nunca o preparo e a capacitação para se fazer isso foram ferramentas tão necessárias como nos dias atuais.

Cresci em uma família com muitos vendedores, sendo que o primeiro deles foi meu tataravô, o comerciante de vinho bordô Jean Louis Marie Salomon. Judeu nascido na região de Alsácia, na França, ganhava a vida exportando vinhos franceses. Até onde sei, ele se mudou para o Brasil por causa do antissemitismo na Europa. Foi morar em Itajubá, no sul de Minas Gerais, onde parte da minha família vive até hoje. Pouco sei sobre a história dele, apenas que faleceu no final do século 19 e ficou conhecido por ter sido um importante comerciante na cidade. Quando eu era pequeno e trabalhava na loja da minha tia, muitos diziam: "Augusto está seguindo os passos de seu tataravô comerciante."

Se meu tataravô estivesse vivo hoje, ficaria espantado ao saber das mudanças nas transações comerciais, por conta da revolução tecnológica. Até o passado recente, antes da popularização da internet no Brasil, a parti dos anos 1990, seguida da criação do e-commerce, éramos obrigados a procurar um vendedor quando precisávamos comprar alguma coisa. Quem quisesse adquirir uma televisão, por exemplo, tinha que necessariamente se deslocar até uma loja. O cliente só conhecia os modelos disponíveis ao chegar ao estabelecimento, e o responsável por lhe explicar as características do produto era o vendedor.

Hoje, não é novidade para ninguém que, em compras menos complexas – as chamadas transacionais, que não exigem personalização ou relação de confiança –, é possível fazer tudo pela internet: pesquisar, comparar preços, comprar. Mesmo quando o cliente faz questão de ir pessoalmente à loja, ele já vai totalmente preparado, munido de todas as informações possíveis a respeito do objeto ou serviço desejado. Muitas vezes, já sabe tanto a respeito do produto quanto o vendedor. Se o profissional interessado em fazer a venda não se preparar, corre o risco de não estar suficientemente informado e perder uma oportunidade de negócio.

Diante desse cenário, hoje em dia o bom ou a boa profissional de vendas precisa se capacitar muito mais do que no passado para se manter competitivo(a). Deve se munir de argumentos que não estão disponíveis a todos, caso queira convencer o interessado a comprar.

Não sou nenhum futurólogo para saber exatamente quais serão as novas transformações que a tecnologia proporcionará ao segmento das vendas, mas sei que já existem lojas, por exemplo, que funcionam apenas como showroom para os clientes experimentarem produtos e terem a experiência com o que viram pela internet. A loja não vende, e a transação da compra é feita on-line. Acredito que esse modelo poderá ser aplicado em diversos setores.

A tendência é que grande parte das vendas que hoje são feitas por pessoas seja cada vez mais efetuada por máquinas. Até em casos de oferta de serviços especializados, isso pode acontecer. Um exemplo é o mercado de turismo. Antigamente, o viajante se deslocava às agências porque precisava de informações a respeito do local de destino. Até era possível ir diretamente à companhia aérea e comprar as passagens, mas como saber o melhor lugar para se hospedar e quais atrações visitar na cidade? Tudo isso os profissionais das agências proporcionavam com certa exclusividade aos clientes.

Hoje em dia, basta uma breve pesquisa na internet sobre o destino turístico desejado, que logo surge uma série de artigos e reportagens, além de blogs pessoais e vídeos com depoimentos, opiniões e experiências de outros viajantes, dicas sobre como chegar e o que fazer em praticamente qualquer lugar do mundo. É possível reservar acomodações, das mais simples às mais luxuosas, em plataformas específicas para isso. Nelas também há notas e recomendações de outros usuários. Tudo é resolvido em poucos cliques.

Com isso, quando chegamos ao destino, já sabemos praticamente tudo sobre o lugar, só falta viver de fato a experiência. Não precisamos mais da figura do vendedor atrás do balcão da agência oferecendo pacotes. É claro que ainda há pessoas que preferem essa comodidade e continuam procurando agentes de viagens, mas a tecnologia tem impactado fortemente essas intermediações. O vendedor ou vendedora desse ramo precisa ter muito claro que vende experiências, não passagens de avião ou reservas em hotéis.

O cliente hoje quer conseguir fazer todo o processo sozinho, por meio de aplicativos. Quer encontrar o que precisa o mais rápido possível, sem precisar falar com ninguém. Quer pagar e receber o que escolheu na data combinada. É o básico. Se procurar um profissional para ajudá-lo, é porque espera algo além disso.

Quando a figura do vendedor é necessária?

Por mais que o cenário das vendas esteja mudando, a figura do vendedor sempre existirá na sociedade. Talvez não para a venda de vinhos, como fazia o meu tataravô, ou televisões, como já citei, porque são produtos que tendem a não precisar de intermediação. A tecnologia dispõe de informações sobre eles de forma de tão clara e ampla que o consumidor não precisa conversar com ninguém antes de comprar on-line. Contudo, a necessidade de um bom vendedor ou vendedora sempre existirá para produtos e serviços complexos, que exigem personalização. Nesses casos, o contato *face to face*, olho no olho, é muito importante. São vendas em que o cliente precisa entender mais sobre o que está comprando, busca uma solução específica e quer sentir o quanto o vendedor ou vendedora está comprometido em efetivamente resolver os seus problemas.

Muitos negócios entre empresas, por exemplo, sempre precisarão de um bom profissional de vendas. Exemplos disso acontecem comigo frequentemente: já recebi em meu escritório representantes comerciais de gigantes da tecnologia como Amazon, Facebook e LinkedIn. Todas são referência mundial na área de tecnologia, mas me procuraram pessoalmente para oferecer seus serviços de forma personalizada. Fizeram isso porque sou diretor de uma grande companhia, público-alvo de soluções que eles oferecem.

Conto o caso do LinkedIn em específico. Eles me procuraram para oferecer uma ferramenta que permite o acesso a possíveis clientes que usam essa rede social corporativa.

Para me encontrar, o gerente comercial lançou mão da própria plataforma. Sequer nos conhecíamos, e ele descobriu pelo LinkedIn mesmo um contato em comum entre nós. Em um evento onde nosso amigo estava, pediu-lhe pessoalmente o meu WhatsApp. Nosso amigo intermediou o contato e eu aceitei recebê-lo na minha empresa. Acabei não comprando a ferramenta, apesar de tê-la achado muito útil. O interessante nesse caso é o fato de até mesmo o LinkedIn, uma das principais redes sociais da atualidade, com um formato de empresa super inovadora, ter vendedores que vão pessoalmente visitar seus potenciais clientes. O profissional usou meios digitais para me encontrar, mas não abdicou da tradicional visita presencial na hora de me oferecer seu produto.

Por que isso acontece? Porque, quando se trata de vendas personalizadas, os clientes, principalmente empresas, ainda precisam de uma pessoa que compareça presencialmente para explicar as vantagens do que vende, que se ofereça a fazer personalizações se necessário, que entenda os problemas e tenha argumentos para mostrar como resolvê-los, o que nenhuma máquina ou inteligência artificial faz. Isso não acontece apenas em relações comerciais entre empresas (que chamamos no mundo das vendas de B2B[4]), mas também em relações de empresas

---

[4] B2B é a abreviação da expressão em inglês *business-to-business* (de empresa para empresa, em tradução livre).

para consumidores (chamadas de B2C[5]). Digo, sem medo de errar, que quase a totalidade das vendas B2B é feita presencialmente.

Por mais digital que o mundo já esteja, a presença de uma pessoa real para vender sempre se fará necessária nesses casos. É para ajudar nesse tipo de venda que escrevo este livro. São vendas que exigem um vendedor ou uma vendedora diferente, com muito mais preparo do que no passado. Um profissional que lidará com as características individuais e as reais necessidades do cliente, com suas emoções e com seu senso de urgência, extraindo o que o comprador realmente quer – e, às vezes, nem ele mesmo sabe direito. Acredite: nem sempre o cliente sabe o que procura. A função do vendedor, portanto, é também provocá-lo a descobrir qual problema determinada solução ou produto resolverá na vida dele. Às vezes, ele não busca exatamente o objeto da compra em si, porque isso diversas pessoas têm para oferecê-lo, mas quer atenção e dedicação. O bom vendedor extrai a essência do que cada cliente precisa. É um profissional que oferece interação, personalização, e estabelece uma relação de confiança e transparência com o consumidor.

---

[5] B2C é a abreviação da expressão em inglês *business-to-consumer* (de empresa para consumidor, em tradução livre)

O vendedor exponencial

O novo contexto em que vivemos exige de um vendedor ou uma vendedora adaptação e preparo, pois sempre haverá do outro lado um cliente repleto de expectativas, altamente informado, exigente e em busca de boas experiências de compra.

Até um passado recente, a venda era mais passiva. Os clientes chegavam com muito mais facilidade. Hoje, há no mercado uma oferta em abundância de qualquer coisa que imaginarmos, e seu acesso está a apenas um clique. O vendedor entende que está "vendendo" também a si próprio, muito mais do que um simples produto. Em um mundo extremamente competitivo, ele precisa criar diferenciação para obter sucesso.

Ao longo deste livro, vou trabalhar as características que representam o perfil deste vendedor ou vendedora, que tem um moonshot para se inspirar e acompanha as revoluções da chamada era exponencial, na qual inovação é a palavra-chave. Descrevo abaixo algumas das características que serão exploradas ao longo desta obra:

Vendedor Padrão

1.   Trabalha para bater metas. É imediatista, vende apenas para ganhar dinheiro e não vê benefícios para além disso;

2.   Vende "produtos de prateleira";

3.   Entende muito bem do produto, mas não consegue ir além. Não acompanha tendências nem consegue adaptar o produto ou serviço conforme a necessidade dos clientes;

4.   Sabe detalhes apenas sobre o que vende. Não consegue falar de outros assuntos nem contextualizar a relação do seu produto ou serviço com o que acontece no mundo;

5.   Vende do mesmo jeito para todas as pessoas, independentemente da cultura, etnia, localidade e origem dos compradores;

6.   Discute preço e descontos logo de cara;

7.   É extremamente objetivo e cartesiano: vende apenas o produto ou serviço e informa seu respectivo preço;

8.   É insensível a aspectos intangíveis na relação de venda e, por isso, não tem argumentos convincentes;

9.   A relação com os clientes termina na venda. Não vê vantagens em criar um relacionamento de pós-venda;

10.   A credibilidade está no produto ou serviço que vende.

Vendedor Exponencial

1.   Tem um propósito, uma ambição, e vende para realizar esse sonho pessoal;

2.   Monta o produto ou serviço da forma mais personalizada possível para resolver o problema dos clientes e para que eles tenham sucesso;

3.   Faz adaptações para que os clientes tenham o melhor benefício possível com a compra;

4.   É informado e sabe que acontecimentos do mundo impactam direta ou indiretamente nos negócios, contextualizando tendências na hora da venda;

5.   Tem conhecimentos amplos e sabe que a experiência de venda muda de acordo com a cultura, etnia, localidade e origem dos clientes;

6.   Só discute preço depois de investigar e entender o que os clientes precisam, extrair suas verdadeiras necessidades e criar uma diferenciação;

7.   Vende experiências positivas, algo que satisfaça a necessidade dos clientes, fazendo-os prosperar;

8.   Considera o ser humano por trás dos clientes durante todo o processo de venda. Analisa aspectos intangíveis e busca entender qual necessidade será atendida com aquela compra;

9.   Procura ter fãs em vez de clientes, desenvolvendo com eles uma relação de confiança e fidelidade. Entende que a venda não é o fim do processo e se preocupa com o pós-venda;

10.   A credibilidade não está apenas no produto ou serviço, mas sim – e, muitas vezes, principalmente – no vendedor ou na vendedora. O cliente compra porque confia na palavra dele(a).

As quatro etapas para uma venda de sucesso

O perfil do vendedor ou vendedora exponencial que acabo de traçar será detalhadamente explorado em cada uma das partes deste livro. Separei-as em quatro:

- *Moonshot: planeje para além da meta*
- *A disciplina da execução*
- *Fechamento: do fluxo natural à "chave de pescoço"*
- *Pós-venda: o cliente é seu maior patrimônio*

Essas quatro etapas são bastante conhecidas no universo das vendas. Toda venda, de qualquer coisa, passa pelas três primeiras, necessariamente. A fase do pós-venda corre por trás, como um adicional, um brinde, mas é igualmente disseminada. O que muda em cada uma delas, na postura do vendedor padrão e do exponencial, é a forma de executá-las, e é disso que falarei nesta obra.

Existe uma série de ações e características que impulsionam as vendas exponenciais. Para isso, o profissional de vendas deve criar um ecossistema que sustente o cumprimento da meta sempre – ou quase sempre – em busca de sua superação. É preciso ter um sonho, uma ambição bem definida para a venda, além de muito preparo, estudo e planejamento. Deve-se fazer uma execução impecável e com disciplina, valorizar e respeitar o cliente em cada visita e identificar nele necessidades reais a serem atendidas. Com isso, o fechamento é quase um caminho natural. Quando não, é importante saber a hora de estimulá-lo. A cereja do bolo é fazer um bom pós-venda para não vender apenas uma, mas várias vezes.

Enquanto o vendedor ou vendedora convencional está apenas preocupado(a) em empurrar seu produto ou serviço de forma automática e ir logo para o próximo cliente, o profissional exponencial faz a venda já pensando na seguinte e, em paralelo, traz outras de possibilidades inimagináveis. Ele cria um sistema eficiente, com potencial de crescimento muito acima do padrão, e faz isso porque tem um propósito maior, acredita em si mesmo e no que vende. Ele tem um *moonshot,* e é sobre ele que falo a partir de agora.

Parte 1 – Moonshot: planeje para além da meta

Por que planejar?

O planejamento é palavra-chave no **processo de venda**. Em toda a minha trajetória profissional, aprendi que bons vendedores, que têm muito sucesso, planejam-se bem. A chance de êxito é muito grande quando há planejamento, porque você não chega "cru" ou despreparado para conversar com o cliente. Lembre-se: todas as vendas personalizadas, aquelas que não serão substituídas por uma máquina, exigem uma conversa face to face com o comprador. E é sobre esse tipo de venda que falo neste livro.

Um bom planejamento permite que você surpreenda o cliente e aumente as chances de fechar negócio. Isso evita ao máximo a tão indesejada resposta: "Está bom, obrigado(a), depois eu te ligo". Estar planejado é o que abre caminhos para avançar nas negociações e agendar uma segunda visita (necessária na maioria das vendas que exigem personalização), o que significa que o consumidor, no mínimo, se interessou pela sua oferta.

Quanto mais complexa é a venda, mais conversas e visitas com o comprador são indicadas antes de assinar qualquer contrato, pois é preciso adequar o produto ou serviço para as necessidades dele, além de estabelecer com ele uma relação de confiança. Estar preparado ajuda, inclusive, a encurtar esse caminho, reduzindo o número de visitas antes do fechamento do negócio. Ao antecipar o máximo de informações em cada reunião, mais certeiro você é e menos idas e vindas são exigidas. Por tudo isso é que o vendedor ou vendedora nunca pode ir a uma conversa despreparado. Caso vá, ou perde a venda para o concorrente, ou para si mesmo.

Quem se planeja mal pode até vender, só que não vende necessariamente o melhor produto ou solução, nem tem o melhor resultado para si e para a empresa que representa. Ou seja: se você não se planejar, não quer dizer que não venderá, mas com certeza venderá mal. Planejar-se significa extrair o máximo de uma venda, tanto do ponto de vista do cliente como de retorno para você. O planejamento traça os caminhos rumo ao melhor resultado que uma venda pode proporcionar a ambas as partes.

A motivação por trás da venda

Um dos pontos em que, ao meu ver, as pessoas mais pecam na etapa do planejamento é não saber aonde querem chegar com as vendas.

Não adianta partir dessa etapa sem saber o que as move a vender, pois, caso contrário, estarão vendendo apenas por vender, o que não trará bons resultados. A motivação pode ser ganhar muito dinheiro, mas pode não ser. Existe um estigma de que o vendedor é alguém que só pensa no retorno financeiro. Contudo, ele é uma pessoa como outra qualquer, repleta de sonhos e ambições pessoais. O capital é somente um meio para conquistá-los.

Sempre fui muito motivado pela realização pessoal e profissional. Nunca vendi apenas para bater metas, mas, sim, para alcançar determinados objetivos, que mudam a cada fase da vida. Já quis (e consegui) comprar um apartamento, fazer uma viagem, ser reconhecido, crescer na carreira, superar a mim mesmo. Inclusive, já aceitei ganhar menos para subir de posição, quando deixei de ser vendedor para me tornar gerente comercial – quantos de nós não fazemos isso? Na época, meu salário fixo como vendedor não era tão alto, mas eu ganhava boas comissões, o que dobrava e até triplicava meus ganhos (em ocasiões extremas, em vendas de valor elevado, o aumento era de dez vezes sobre a remuneração fixa). Quando me tornei gerente, perdi as comissões, e minha renda mensal caiu.

Hoje, quando olho para trás, vejo o quanto as vendas me proporcionaram em termos de realizações, tanto financeiramente quanto de reconhecimento. Elas me permitiram conquistar tudo o que sempre quis na vida, nesses dois âmbitos. Todas as coisas que ambicionei em termos materiais, até agora, consegui alcançar graças às vendas. No quesito de reconhecimento, à medida que crescia na carreira e dentro das empresas, as vendas me garantiram avanços, viagens, trocas culturais e posições melhores do que as anteriores. Isso me motivou desde sempre a vender mais, somado a um terceiro ponto: o relacionamento interpessoal. Tenho verdadeiro interesse em conversar com as pessoas e adquirir conhecimento, aprender com elas. Dessa forma, desde cedo percebi que era possível unir o útil ao agradável com as vendas: fazer o que gosto, que é ter contato com gente de diferentes origens e backgrounds, e obter conquistas por meio disso.

Acredito fortemente que só consegui tudo o que almejava porque sempre tive muito claro aonde queria chegar. Independentemente do que fosse, sempre fui movido por algo além das minhas metas. Esse "algo" pode parecer pequeno ou óbvio a princípio, mas é essencial em qualquer venda. E não tenho dúvidas de que ter esse porquê nos ajuda – e muito – a encarar com entusiasmo todas as desafiadoras etapas do processo de venda.

Essa empolgação por vender faz parte da minha formação, por isso a carrego com tanto afinco até hoje. Quando eu tinha 10 anos e comecei a trabalhar na perfumaria da minha tia em Itajubá nas férias, por exemplo, além de gostar muito de estar lá, a conquista de ganhar meu próprio dinheiro me estimulava muito. E eu era apenas uma criança, poderia só brincar, mas preferia ficar na loja e interagir com a clientela. Comecei observando a minha tia, imitando-a. Em determinado momento, ela percebeu que eu levava jeito para a coisa e me estimulou: "Se você realmente gosta de vender e quer me ajudar, vamos fazer o negócio direito. Te pagarei salário e comissões". Com essa atitude, ela me empoderou (algo importante para qualquer profissional de vendas, como falarei mais adiante) da maneira correta. Eu gostava do que fazia, aquele era um passatempo para mim, mas ao mesmo tempo ficava imaginando o quanto poderia juntar para comprar mercadorias e revender no condomínio em que eu morava quando voltasse das férias – história que já contei em páginas anteriores. A propósito, até hoje minha tia é comerciante em Itajubá. Não vende mais perfumes, mas possui lojas de vestuário que são referência na cidade.

Na adolescência, continuei passando as férias no sul de Minas e, novamente, fui atraído pelas vendas. Fui trabalhar na loja do meu tio Valdise, irmão da tia Valcide (que são irmãos da minha mãe, Valdéa). Ele tinha um perfil empreendedor: começou do zero, construiu um prédio, montou uma loja de peças eletrônicas no térreo e alugou os demais andares do edifício. Eu o admirava muito por tudo isso e vendia estimulado pelo aprendizado que ele me proporcionava. Com meu tio Valdise, entre outras coisas, aprendi que, para vender, é preciso empreender.

Joguei tênis por muitos anos e quase fui atleta profissional. Quando entrei na faculdade, os estudantes podiam substituir as aulas de educação física pela prática de algum esporte. Havia aulas de basquete, futebol e vôlei, mas não de tênis. Tive a ideia de sugerir um curso de tênis e obtive autorização para isso. Para divulgar, peguei a lista de todos os alunos do primeiro e segundo períodos que eram obrigados a fazer educação física e fui atrás deles pessoalmente para oferecer as aulas. Promovi o tênis em toda a universidade, visitei inclusive as repúblicas do entorno. Consegui uma adesão de 40 alunos, bem maior do que a das aulas de esporte coletivo, como basquete e futebol. O mais curioso é que o motivador dessas aulas, por incrível que pareça, era me tornar um "bom partido" para a Letícia – minha então namorada e atual mulher. Queria impressioná-la, mostrar que, aos 17 anos, já era capaz de ganhar meu próprio dinheiro.

Depois fui atuar no Diretório Acadêmico, onde não fazia vendas em si, mas tive uma experiência muito forte em negociar, promover eventos, reformas e melhorias para os alunos – graças a essa experiência, saí da faculdade de Engenharia Elétrica com uma visão comercial muito forte, essencial para o meu primeiro emprego como vendedor.

Conto estas histórias para mostrar o quanto tenho, desde pequeno, uma inquietação pessoal muito grande, uma ansiedade em realizar coisas. Nunca consegui ficar muito tempo parado fazendo a mesma atividade. Muito além do que meramente bater metas, a inquietude pela realização foi o que sempre me motivou a vender.

No universo das vendas, sempre existe uma meta a ser cumprida. Ela necessariamente tem um valor a ser atingido dentro de um espaço de tempo. Geralmente é mensal, mas pode ser trimestral, semestral, anual, etc (detalho isso nas páginas seguintes). Por ora, é importante ater-se que ela é calculada levando-se em conta um número possível de ser alcançado. O vendedor sempre começa o mês (ou o período estabelecido para as metas) com saldo negativo e um alvo a ser atingido. O que defendo é que, antes de começar a se planejar, saber o que o motiva como vendedor(a) a conquistar essa meta faz toda a diferença para o seu sucesso em alcançá-la.

Ao longo da minha trajetória, conheci vendedores espetaculares que são igualmente inquietos, e me vi neles. Essa inquietação leva à proatividade, a querer fazer diferente. Pode ser que você não tenha essa característica muito marcante, que não seja tão explícita em você. Mas ser um pouco inquieto é importante para qualquer profissional de vendas. O simples fato de precisar lidar com uma meta a ser batida mensalmente é inquietante. O profissional de vendas começa todo mês com saldo devedor e precisa conviver com isso. Não importa o quão bom você seja em um mês, todo dia primeiro a conta zera e é preciso começar tudo de novo. É uma pressão que exige sair da mesmice e pensar diferente. Não é qualquer um que consegue conviver com essa cobrança e imprevisibilidade constantes.

Normalmente, o que faz a renda do vendedor é a comissão, e não o salário fixo. Muitas vezes, o vendedor ou vendedora precisa da comissão para arcar com suas necessidades e obter o que almeja para aquele período. Na minha vida toda, acredito já ter contratado mais de 500 vendedores. Já vi de tudo: tem gente que acha que é vendedor, mas quando pensa em ter que fazer a comissão fica paralisado e não sai do lugar. Por outro lado, há profissionais que usam isso como estímulo para se organizar, como um desafio a ser superado a cada mês, e pensam: "Quero ganhar tudo o que posso agora. No mês que vem, vejo o que eu faço". Ele ou ela almeja ganhar múltiplos da meta e alcançar seus sonhos. Esse é o perfil do profissional que não desiste e só faz isso porque tem um objetivo claro sobre aonde quer chegar.

O que está por trás do seu moonshot?

A primeira vez que tive acesso à expressão moonshot foi em 2017, em um curso que fiz na

Singularity University[6]. Foi um dos primeiros termos que vi por lá. Como já expliquei, essa palavra inglesa é amplamente usada no mundo da tecnologia e significa solucionar desafios imensos, de forma inimaginável. Como o próprio significado induz (dar um tiro em direção à Lua), é ter um objetivo de forma ambiciosa, disruptiva e inovadora. O objetivo, com isso, é alcançar resultados exponenciais, ou seja, em vez de buscar crescer de forma incremental (em torno de 10% ao ano), visar a um crescimento acima do padrão, de dez vezes o patamar atual. Na prática, significa pensar grande, longe. É dar um tiro daqui da Terra para acertar em algum ponto em direção à Lua, pensar fora da caixa, de forma radical, para além dos limites, buscando alcançar algo inacreditável. É assim que muitas empresas têm conseguido soluções antes impensáveis. Quem pensa pequeno nunca será exponencial.

Obter esses resultados exige uma mudança de postura na forma de conceber os projetos. No artigo *This Is How to Invent Radical Solutions to Huge Problems* (É Assim que se Inventam Soluções Radicais para Problemas Enormes, em tradução livre), publicado na página

---

[6] Sediada no centro de pesquisas da Nasa, no Vale do Silício (EUA), é uma instituição de ensino fundada em 2008 por Peter Diamandis e Ray Kurzweil. É renomada por disseminar o pensamento exponencial e o impacto de transformações digitais em várias áreas da sociedade.

do Singularity Hub[7], a autora Alison Berman faz uma analogia da postura de um gafanhoto preso em um pote de vidro. O gafanhoto baterá na tampa algumas vezes para tentar sair, até se condicionar a não voar alto. O pensamento moonshot nos instiga a sair da nossa zona de conforto para nos lembrar do quão capazes somos em alcançar grandes realizações. É um convite para "abrirmos a tampa" do nosso pote de ideias.

Um exemplo que conheci durante o curso na Singularity University é o do *Impossible Burger*[8]. Há algum tempo, em uma dinâmica cujo tema era economia de água no planeta, o pessoal da Singularity lançou aos participantes o desafio de criar um hambúrguer que consumisse menos água, levando em conta o elevado nível usado na produção mundial de hambúrgueres. Um dos grupos pensou em fazer uma opção vegetariana com gosto de carne e, assim, nasceu o protótipo do chamado "hambúrguer impossível", lançado nos EUA em 2016, que cresce em escala exponencial e hoje conta até com filial em Hong Kong. Os fundadores tiveram a ideia de desenvolver uma proteína à base de vegetais que

---

[7] Site com informações da Singularity University. Acesse em: https://singularityhub.com/2016/11/15/this-is-how-to-invent-radical-solutions-to-huge-problems/#sm.00001txgmsmn16cwcqjxqu1nwy5rz. Acessado em 1º de fevereiro de 2019.

[8] Conheça em: https://impossiblefoods.com/.

tem gosto e aparência extremamente parecidos com os da carne. Contudo, comparado ao produto bovino, ele usa cerca de 75% menos água, gera 87% menos emissões de gases de efeito estufa e requer 95% menos terra em sua produção[9]. Enquanto eu estava no curso, fui com outros alunos fazer uma degustação do *Impossible Burger*. Eles nos apresentaram dois hambúrgueres convencionais e um *Impossible* para provarmos: garanto, eles são realmente muito parecidos.

Normalmente, o vendedor está preocupado, em seu dia a dia, apenas em bater metas. Mas ser exponencial não é correr atrás de bater metas. Não é vender pensando em ganhar o dinheiro da comissão. É vender para alcançar muito mais. É fazer isso para conquistar seu sonho, seus objetivos de vida, para você se realizar como profissional e indivíduo. É inovar como vendedor(a) e dar um *moonshot* em direção a esse desejo pessoal. Independentemente de a sua empresa crescer ou não de forma exponencial, você pode usar esse conceito para se motivar no trabalho diário. Não é pensar: neste mês vendi 100 e, no seguinte, quero vender 10% a mais. Mas, sim: vendi 100 agora e, no mês que vem, quero vender 200 porque tenho algo muito maior a alcançar do que apenas essa meta. É

---

[9] Fonte: *Época Negócios*. Disponível em https://epocanegocios.globo.com/Empreendedorismo/noticia/2018/08/nenhum-animal-foi-maltratado-na-confeccao-deste-hamburguer.html. Acessado em 30 de abril de 2019.

estruturar sua vida como profissional, para que isso aconteça por meio das vendas. É uma mudança de postura.

Moonshot não é a meta. Porque a meta terá que ser cumprida de qualquer forma. Ele é o alvo lá longe que vai ajudar você a alcançá-la e, sempre que possível, superá-la. É um incentivo para pensar grande. No começo da minha carreira como vendedor profissional, por exemplo, eu tinha como *moonshot* comprar um apartamento. Possuía minhas metas mensais, mas por trás disso sonhava em comprar meu apartamento, e dava um "tiro" em direção a essa "Lua", que era o imóvel próprio, naquele momento ainda distante de mim. Para a minha empresa, pouco importava se eu conseguiria isso ou não. Para mim, contudo, era um fator crucial para me motivar diariamente. Para eu comprar meu apartamento, tive que acelerar minhas vendas para muito além da meta estabelecida pela empresa em que trabalhava. Quanto mais eu vendia acima da meta, maior era a minha comissão e mais perto estava de realizar o meu sonho.

Moonshot tem muito a ver com sonhos. Como já deve ter ficado claro no que contei sobre a minha trajetória até aqui, sempre tive um objetivo pessoal com as vendas, e isso me motivava a ser um bom vendedor. Ter clareza de seus próprios sonhos e objetivos é algo extremamente importante para qualquer um que queira se dar bem com as vendas. Antes de se preocupar com a meta que a empresa lhe deu, saiba qual necessidade pessoal as vendas lhe possibilitarão atender, aonde você quer chegar na vida e quais dos seus sonhos ou ambições poderão ser realizados por meio delas. Sugiro pensar nisso toda vez que você iniciar um planejamento. Se não fizer isso, nada mais fará sentido depois. Tenha claras em sua mente as respostas às seguintes questões: Qual é o seu sonho pessoal? Aonde você quer chegar com essas vendas? O que o norteia a fazê-las?

Você venderá melhor se acreditar no que vende

Procure vender só aquilo em que acredita. É preciso ter convicção e confiar que seu produto ou serviço é realmente bom, para vendê-lo de forma convincente. Tenho uma história que exemplifica bem o que quero dizer. Certa vez, eu assistia ao *reality show* O Aprendiz[10], com o apresentador Roberto Justus, e havia duas candidatas na final do programa. Ele fez várias perguntas a ambas e, em determinado momento, pediu que cada uma falasse sobre a outra, dizendo os pontos positivos da concorrente. As duas fizeram a famosa política da boa vizinhança e falaram bem da adversária. Ao final da etapa, Justus sentenciou que ambas haviam acabado de perder a oportunidade de ficar com o emprego.

---

[10] *Reality show* de negócios em que os candidatos concorrem a uma vaga de emprego.

Disse que, se alguma delas tivesse afirmado algo do tipo "não quero vender uma coisa que não compraria", teria conquistado a vaga. Isso porque, quando se está concorrendo a uma oportunidade única dessas você quer que o escolhido seja você, e não o seu colega.

Tendo opção, não vendo nada em que não acredito. Em todas as empresas onde trabalhei, tive a sorte de acreditar no que vendia. Os produtos e serviços eram realmente bons, e as empresas cumpriam o que prometiam. Isso permitia que eu desse a minha palavra aos clientes e lhes transmitisse confiança. Por exemplo: se não fumo nem gosto de cigarro, como serei capaz de dar a minha alma para vender cigarros? Não conseguirei fazer isso e, provavelmente, não serei um bom vendedor desse produto.

Mas a vida nem sempre é perfeita. Há situações em que precisamos vender o que não gostamos, por falta de escolha. Nesse caso, provavelmente conseguiremos fazer isso por um tempo, mas, assim que encontramos algo melhor, trocaremos de opção. Por isso, eu digo sempre: busque fortemente comercializar algo em que você acredita, que seja compatível com os seus valores, para que você consiga vender com o coração. Pense no cenário de um cliente novo, que não conhece a sua empresa, produto ou serviço. Se, ao interagir com ele, você não demonstrar confiança e emoção no que está vendendo, ele provavelmente comprará do concorrente que fizer isso. Não estou dizendo que não é possível vender aquilo em que não acreditamos, mas é muito difícil ser um vendedor exponencial nessa situação. Não dá para casar seu sonho pessoal com a venda desse produto ou serviço, nem convencer tão bem as pessoas quanto você as convenceria se acreditasse no que está oferecendo.

Conheça o propósito por trás do que faz

Sou partidário de que todas as ideias de produtos ou serviços não darão certo caso não tenham como principal mote atender às necessidades do ser humano. É claro que as pessoas criam negócios para ganhar dinheiro, mas por trás disso existe o propósito de resolver um problema individual ou social. É só pensar no exemplo do *Impossible Burger*: o produto surgiu da necessidade de criar um hambúrguer que consumisse menos água ao ser produzido, agredindo menos o planeta e, ao mesmo tempo, saciando o desejo do consumidor em saborear um delicioso sanduíche, cujo recheio mantivesse o gosto de carne.

Certa vez assisti, em vídeo, a uma palestra em que o presidente da Uber, Dara Khosrowshahi, revela a ideia por trás da criação da empresa. Ele queria reduzir a quantidade de carros nas ruas das grandes cidades, cada vez mais abarrotadas de veículos. Sua intenção, ao promover a circulação de automóveis já disponíveis, era reduzir congestionamentos e poluição. Esse foi o propósito que deu origem à Uber, segundo ele. Outro exemplo é o de Alexandrino Garcia, fundador da empresa em que trabalho, a Algar Telecom, companhia que completa 65 anos de fundação em 2019. O desejo dele era interligar o interior de Minas Gerais com São Paulo e o restante do Brasil, porque naquela época os produtores rurais não conseguiam falar com a capital econômica do país. Enquanto escrevia este livro, eu já somava 15 anos de empresa, porque os valores da Algar se encaixam nos meus. É uma companhia que nasceu com o propósito de servir a comunidade, que investe no país e realmente é diferente no trato com os clientes. Se qualquer consumidor sentir a necessidade de falar com o presidente da empresa, ele consegue. Admiro muito isso.

Hoje, um vendedor tem mais consciência sobre o que vende do que tinha no passado, quando o acesso à informação era muito menor. Para ser admitido no curso que fiz na Singularity University, por exemplo, tive que escrever duas redações com os seguintes temas: "Como você mudaria a humanidade por meio da tecnologia?" e "Imagine que você já passou pela Singularity e, daqui a alguns anos, uma reportagem é publicada sobre algo muito relevante que você fez. Qual seria o título?". Escrevi sobre o meu universo de trabalho, que é a venda de banda larga. Os temas das minhas redações tinham relação a quanto o acesso à internet pode ajudar no crescimento do PIB de determinada região. Quando se leva banda larga a uma cidade, o local se desenvolve tanto econômica quanto culturalmente, porque a população tem acesso à informação e isso torna as pessoas mais preparadas. Não sou o único a dizer isso, claro. Há estudos de vários órgãos internacionais que relacionam o crescimento e o desenvolvimento de uma região com o acesso à internet. Um exemplo básico é a prevenção de doenças. O acesso à rede traz informações importantes sobre vacinas, causas, sintomas, diagnósticos, tratamentos e, mais especificamente no caso brasileiro, conscientiza a população sobre como evitar a proliferação do mosquito transmissor da dengue. Isso melhora a saúde das pessoas, que, consequentemente, trabalham e produzem mais.

Acredito que tudo o que fazemos tem que ser com o propósito de servir a humanidade. Como este livro é sobre vendas, vale a mesma regra: ter algum fundamento por trás do que se vende é essencial; caso contrário, na minha opinião, não há prosperidade nos negócios. Ter um objetivo egocêntrico ou apenas querer ganhar dinheiro pode dar certo por um tempo, mas só isso não sustenta clientes no longo prazo. É importante, no momento de planejar suas vendas, ter claro para si quais são os seus **valores**, **propósitos** e **sonhos**. Relacione essas ambições pessoais com o que você vende e, somado a isso, compreenda o propósito maior por trás do que está oferecendo. Quanto mais esse propósito tiver conexão com seus valores pessoais, melhor. Esse é o começo do planejamento para você se tornar um vendedor exponencial.

Saiba aonde você quer chegar

O *moonshot* exige necessariamente um alvo. Afinal de contas, para dar um tiro em direção à Lua, você tem que saber a localização dela no céu. Dessa forma, em primeiro lugar e acima de tudo, é preciso que você saiba quais são seus verdadeiros objetivos pessoais por trás de cada venda. Veja abaixo alguns questionamentos que você pode se fazer:
Por que você é vendedor(a)?
Por que escolher essa forma de ganhar a vida entre tantas outras possíveis?
Qual é a sua principal motivação com a venda?
Por que precisa e quer ganhar dinheiro?
Qual é o seu propósito por trás de cada venda?
Qual sonho ou ambição pessoal será realizado(a) com as vendas?
Você quer dar um moonshot em direção a quê?
Qual é o seu alvo distante a ser atingido?

A meta é sua aliada

Seu *moonshot* e objetivos pessoais são os que trarão motivação e inspiração para vender. Contudo, não se esqueça de que, independentemente deles, no universo das vendas há sempre uma meta a ser cumprida. E ela precisa ser considerada nesta etapa, em que você deve conhecer aonde quer chegar.

Quando falamos de metas em vendas, como já mencionei, precisamos ter bem claro que elas necessariamente são expressas em um número a ser alcançado dentro de determinado período de tempo. Representa o quanto você precisa vender para que os resultados comerciais estabelecidos sejam alcançados. É comum vendedores imaginarem que bater uma meta seja o seu grande objetivo. O que defendo aqui, porém, é que, por trás de toda meta, é importante saber o que move você a vender. Apesar disso, não podemos esquecer jamais que haverá, periodicamente, uma meta a ser batida.

E quem dá a meta? A meta é estabelecida pela empresa na qual você trabalha ou que representa. Uma reclamação recorrente de vendedores em geral é que a meta é muito alta, independentemente de qual seja. O *mindset* do profissional de vendas é esse. Durante toda a minha carreira, ouvi e ainda ouço essa queixa de muitos vendedores. É a mesma coisa que você perguntar a qualquer pessoa se ela ganha bem. Via de regra, a resposta será não, por mais que o salário em questão seja alto para a média dos trabalhadores.

É importante desmistificar essa crença do vendedor com relação às metas. Quando falamos de empresas sérias, planejadas, a meta costuma ser factível. É claro que há exceções. Pode ser que, vez ou outra, determinada companhia balanceie errado o número ou até mesmo que seu chefe seja, de fato, um sacana e exagere ao estabelecer a meta do time de vendas. Mas estou falando da regra, e não de exceções. Geralmente, as metas são feitas dentro de um cenário realista.

Em empresas grandes e sérias, a meta costuma ser dada de cima para baixo, sendo proposta pelo acionista ou proprietário. O cálculo considera projeções de mercado e a expectativa de crescimento da organização para determinado período. Esse valor total em dinheiro é fracionado em metas de vendas a serem atingidas, que, por sua vez, são distribuídas aos integrantes da força de vendas. Quando uma meta chega a um vendedor, ela já foi devidamente calculada. É claro que o acionista ou dono da companhia pode estipular uma meta extremamente ambiciosa. Nesse caso, cabe ao gestor ou vendedor que a recebeu algumas saídas: procurar novos mercados para bater a meta ou, caso não seja possível fazer isso dentro dos cenários existentes, propor novos investimentos para que ela seja atingida (explicarei mais adiante, de forma aprofundada, como fazer isso).

Podemos pensar, hipoteticamente, em um exemplo de uma grande rede de eletrodomésticos. Cada vendedor tem que bater uma meta, que, por sua vez, está dentro da meta da loja, que a recebeu como parte da meta da respectiva regional, que, por último, integra a meta da empresa como um todo. Se essa companhia tiver capital aberto, a meta terá sido estabelecida pelos acionistas e, se for controlada por um grupo internacional, virá da sede em outro país. Nesse exemplo, quando um vendedor recebe a meta de vender dez televisores ao mês, significa que esse número faz parte de toda uma estratégia da organização para alcançar o lucro e crescimento desejados. Essa lógica é seguida por todas as empresas, independentemente do porte. Mesmo na loja da minha tia, onde tive meu primeiro "emprego", por mais que ela não fizesse todo esse planejamento detalhado, existia um número mínimo que ela precisava fazer em vendas para manter o negócio funcionando e dando lucro.

Uma meta nunca é alta, mas, sim, adequada às ambições da empresa dentro do mercado em que atua. É preciso, porém, que empresários tenham muito cuidado e responsabilidade na elaboração de suas metas. Há cálculos matemáticos para se chegar até elas, o que deve ser feito junto de um planejamento estratégico. As metas precisam ser desafiadoras, mas não impossíveis. Se forem muito altas, tornam-se inalcançáveis, gerando desânimo e frustração por parte dos vendedores. Se forem baixas demais, tornam-se cômodas, e o potencial de vendas não é estimulado em sua totalidade.

O mais importante é que você, como vendedor(a), saiba o seguinte: uma meta é criada para ser batida, e ponto final. Uma vez que se chegou a esse número, não tem mais como voltar atrás. Tenha-a como aliada, e não como inimiga. É ela que garante a longevidade dos negócios e, mais importante, que aproximará você do seu *moonshot*, aparentemente tão distante – quem sabe, aliás, não fará você alcançá-lo ou ir além dele? Se você cumpre a meta, significa que a empresa para a qual trabalha vai prosperar, sua renda vai aumentar e cada vez mais perto dos seus sonhos e objetivos você estará. Se ela vai ajudá-lo a realizar o que você tanto almeja na sua vida pessoal, por que vê-la com maus olhos?

Para além das metas

Na maioria das empresas, quanto mais o(a) vendedor(a) supera as metas, mais ele(a) ganha. Não é novidade para ninguém que a maior parte da renda do profissional de vendas é feita por meio de comissões. Por isso, ao bater uma meta, os ganhos aumentam e, se ela é ultrapassada, sobem ainda mais. Não há regras para os acordos, que variam entre as companhias, mas geralmente a comissão cresce consideravelmente depois que a meta é batida, em escalas que podem ultrapassar dez vezes o salário fixo (como já aconteceu comigo, por exemplo). Por isso, os bons vendedores olham para a meta como um norte a ser superado. Por mais alta que ela pareça, é preciso ter em mente que foi desenhada e calculada dentro de um cenário possível de ser alcançado. Em vez de reclamar que é alta demais, o vendedor que pensa grande, que é exponencial, diz a si mesmo: "Não apenas baterei essa meta, como vou superá-la. Agora, como me planejo para isso? Que estratégia devo seguir?". Não existe milagre, e somente com essa ambição, aliada a um bom planejamento, é que as vendas acontecerão de forma constante e consistente.

Encare os números: seu sonho na ponta do lápis

Uma vez que seus propósitos, sonhos ou ambições com as vendas estejam bem definidos, é hora de correr atrás da realização deles. A lógica é pensar: O que devo fazer hoje, com base no meu *moonshot*, para que o resultado seja alcançando no longo prazo? Para isso, é importante ter um norte, e isso se faz quantificando objetivos. Essa conta guiará todo o seu planejamento.

Há um esquema para esse cálculo que sempre segui nos meus planejamentos, seja na posição de vendedor, seja na de gestor ou diretor. Ele se resume em responder às seguintes perguntas:

1. **Quanto custa o meu sonho?**
2. **Quanto tenho que vender para atingir esse sonho?**
3. **Para quem vou vender?**
4. **Onde está o meu potencial cliente?**
5. **Quem é esse cliente?**
6. **Como chegar até o cliente?**
7. **Por que o cliente precisa de mim?**
8. **Qual é o objetivo da primeira visita?**

Para melhorar a compreensão desse assunto, primeiro me dedico a explicar resumidamente cada um desses itens. Posteriormente, aprofundarei cada um deles, exemplificando com histórias reais que vivenciei, etapa por etapa.

1. Quanto custa o meu sonho?

Sair por aí vendendo às cegas é um grande erro. Antes de soltar a criatividade para dar o seu "tiro na Lua", é preciso firmar os pés no chão e fazer alguns cálculos. Todo vendedor sabe claramente sua meta do mês, pois a recebe pronta da empresa. O que muitos não sabem é o quanto precisam vender para realizar seus sonhos pessoais. O valor da meta da empresa é inegociável, pois, caso você não a cumpra, corre o risco de ser demitido. O(a) vendedor(a) exponencial sabe disso e, em vez de reclamar da meta, encontra formas de incorporá-la ao seu sonho, tornando-a uma aliada.

Uma vez que a meta é inegociável (salvo raras exceções, como abordarei mais adiante), você deve vender no mínimo o suficiente para batê-la. Muitos vendedores têm isso como norte e param por aí. Ou seja, eles se enganam acreditando que bater a meta da empresa já é o próprio *moonshot*. Contudo, só esse estímulo na maioria das vezes não é suficiente para uma pessoa dar o seu máximo, vender mais e alcançar resultados exponenciais, concorda?

Ao planejar minhas vendas, em vez de pensar só na meta da empresa, sempre considero a minha ambição pessoal, o meu *moonshot*, e calculo o valor que preciso fazer por mês para alcançá-la(o) – faço isso até hoje, pois ainda preciso, como diretor, obter resultados para a empresa. Coloco no papel o quanto custa realizar o meu atual desejo pessoal (penso sempre em algo realista, obviamente) e, dessa forma, quanto mais perto estou de atingi-lo, mais estímulo tenho para criar ideias inovadoras e vender mais. É lógico que faço meu planejamento também pensando em atender aos anseios da empresa em que trabalho, mas não é só isso que me motiva.

Por exemplo: digamos que a meta que você recebe da empresa seja de R$ 100 mil por mês. Levando em conta o valor proporcional que ficará para você ao atingir esse resultado, isso será suficiente para a realização da sua ambição pessoal? Se sim, em quanto tempo? Caso não seja, calcule o quanto você precisa vender para que seja. O importante é sair dessa etapa com um número.

Pode ser que o valor da sua comissão, ao bater a meta, seja suficiente para concretizar seu sonho, mas pode ser que não. Muitas vezes, você precisará vender além dela para aumentar seus ganhos e conseguir comprar aquele imóvel que tanto deseja, fazer a viagem que pretende, matricular-se em algum curso ou simplesmente pagar dívidas ou as contas do mês. Dessa forma, tenha claro o quanto você precisa vender para alcançar esse número em particular.

No meu caso, quando eu era vendedor, sempre que recebia da empresa uma meta de valores que não me proporcionava a realização do meu sonho dentro do prazo que eu gostaria, eu me planejava para vender acima daquilo e aumentar minhas comissões (sempre considerando um cenário condizente com a realidade, claro). Não existe segredo: se você possui um sonho e ele é grande, é preciso vender em bastante quantidade para atingi-lo.

2. Quanto tenho que vender para atingir esse sonho??

Uma vez que você já sabe quanto custa o seu sonho, deve se concentrar em buscar maneiras de ganhar o suficiente para realizá-lo. Para isso, deverá descobrir também:

- Em qual prazo você precisa atingir o valor estipulado;
- Qual é o seu ticket médio (valor médio por compra);
- Quantas vendas terá que fazer nesse espaço de tempo para atingir o número pretendido;
- Qual é a sua taxa de conversão.

Suponhamos que você tenha que vender o valor fictício de R$ 100 mil em um mês – como já disse, toda meta tem um período de tempo e, neste exemplo, ele é de um mês. Agora calcule: quantas vendas você precisa fazer em 30 dias para faturar R$ 100 mil? Logo você perceberá que, para fazer essa conta, precisa saber o seu ticket médio. Digamos que, neste caso, o ticket médio seja de R$ 5 mil. Dessa forma, você concorda comigo que será preciso fazer no mínimo 20 vendas no mês ou, caso contrário, não chegará aos R$ 100 mil?

Taxa de conversão

A partir do momento em que você calculou o quanto precisa vender para bater sua meta, é extremamente importante saber quantos clientes, em média, você deve abordar para fazer uma venda. Isso se chama taxa de conversão (a parcela de clientes abordados que, de fato, compra). Isso porque, se você precisa fazer 20 vendas, se falar com exatamente 20 pessoas, muito provavelmente não alcançará sua meta, pois muitas tentativas não darão certo. Nunca vendemos tudo o que prospectamos[11]. Vamos supor que, no seu mercado, a taxa de conversão seja de 5 para 1 (uma venda a cada cinco abordagens). Assim, você precisará buscar cem oportunidades para fazer 20 vendas e, consequentemente, bater a sua meta.

---

[11] Explicação para os vendedores de primeira viagem: prospectar é descobrir quais são os clientes para o seu produto ou serviço.

Certa vez, na própria Algar Telecom, cuidamos da operação de uma empresa de cartões de crédito – ou seja, nossos atendentes de call center tinham que vender cartões da operadora. Fornecemos a eles um mailing de potenciais clientes e sabíamos que a taxa de conversão desses contatos era de 1,5% a 2%. Isso significava que cada atendente tinha que fazer cem ligações, em média, para fechar duas vendas.

Quando você sabe com clareza qual é a sua taxa de conversão, consegue calcular exatamente quantos clientes prospectar para vender a quantidade que precisa e cumprir o seu objetivo. Dessa forma, seu planejamento de vendas começa a ganhar forma.

Você pode estar se questionando: "Mas como sei a minha taxa de conversão?". Caso trabalhe em uma empresa sólida e estabelecida, muito provavelmente obterá essa informação com facilidade, do seu próprio gestor. Caso não obtenha ou esteja entrando em um novo mercado, precisará conseguir esse número. Procure pessoas experientes no ramo que saibam desse histórico, investigue, busque contatos no mercado. Isso é descoberto por meio de pesquisas e estudos, o que todo vendedor bem planejado faz e é crucial para alcançar resultados exponenciais (falarei mais sobre taxa de conversão nas próximas páginas). Além disso, é preciso ter um portfólio de potenciais clientes para procurar, de forma que o número obtido seja suficiente para bater a sua meta.

3. Para quem vou vender?

Até aqui, você já sabe o valor total que precisa vender, quantas vendas são necessárias para alcançar esse número e quantos clientes deve prospectar para atingi-lo, correto? Agora precisa descobrir para quem fará suas ofertas, ou seja, identificar qual é o seu público-alvo, seja ele de consumidores (pessoas físicas) ou empresas (pessoas jurídicas).

Isso se descobre por meio de estudos de mercado. Portanto, conheça a fundo a sua área de atuação, tire um tempo para pesquisá-la e analisá-la. Como já reforcei algumas vezes, preparo, planejamento e capacitação são fatores que diferenciam um vendedor bem-sucedido do padrão, mediano. Esse estudo compreende basicamente:

- **Entender o que você vende:** saiba tudo sobre a sua empresa, produto ou serviço;
- **Conhecer o seu mercado:** saiba como é o funcionamento do seu segmento e da concorrência;
- **Conhecer o seu cliente:** descubra quem são as pessoas ou empresas que precisam do que você vende e podem comprá-lo de você.

4. Onde está o meu potencial cliente?

Uma vez que você sabe quem é o seu potencial cliente, chegou a hora de descobrir onde ele está e como entrar em contato com ele. No exemplo usado anteriormente, ficou estabelecido que a sua taxa de conversão é de 5 para 1 e, com isso, é necessário buscar cem oportunidades de negócio, ou seja, ter uma lista de cem possíveis clientes para abordar e conseguir fazer 20 vendas. É importante saber que não basta ter cem nomes aleatórios ou desatualizados. Essas cem possibilidades devem ser de nomes ativos e com o perfil do seu público-alvo – não adianta querer vender xampu para cachos a quem tem cabelo liso ou serviços de manutenção de elevadores em prédios onde só há escadas.

Pode ser que você já tenha essa lista de oportunidades pronta, pois a recebeu de sua empresa. Contudo, se você não tem uma valiosa lista dessas em mãos, terá de produzi-la. Há inúmeras formas de encontrar onde estão esses compradores, desde as mais básicas e clássicas, como andar na rua e identificá-los em determinada região ou usar sua rede de contatos (o tão importante networking), até as mais inovadoras ferramentas digitais da atualidade (como as mídias sociais e ferramentas de busca on-line).

Lance mão de todas essas estratégias e monte a sua lista. Ela deve conter, obrigatoriamente, o nome da pessoa certa a falar, um telefone de contato (se for o número de celular ou WhatsApp, melhor ainda) e, se possível, o endereço. É um facilitador se você souber exatamente quem decide pela compra e obtiver o contato direto desse cliente em potencial– sim, você vai buscar o número de telefone dele, pois o vendedor de produtos customizados, que é o foco deste livro, fala pessoalmente com o cliente. Caso seja uma empresa, pode ser mais trabalhoso identificar a pessoa certa para falar dentro da organização, e deve ser feito um verdadeiro trabalho investigativo (como contarei nas próximas páginas).

É importante não perder tempo ao identificar onde estão seus potenciais clientes: avalie se há alguma limitação geográfica ou de capacidade caso venha a atendê-los. Limitação geográfica ocorre quando o possível cliente está fora da sua área de atuação. Por exemplo: suponhamos que você tenha identificado uma empresa que está a 500 quilômetros de distância da sua localização. Se ela aceitar uma oferta sua, você terá condições de atendê-la? Se existem limitações geográficas, de nada adianta perder tempo fazendo a oferta. Revelo o que aconteceu comigo quando eu vendia serviços de telecomunicações em Campinas, no interior de São Paulo, para a Algar Telecom. Certa vez, fiz todo o mapeamento listado anteriormente neste livro e selecionei dez concessionárias de energia com potencial para comprar o meu produto. Em seguida, ao verificar com maior profundidade, notei que, daquelas dez, eu só poderia oferecer a venda para duas, pois as demais estavam em áreas não atendidas pela rede da minha empresa. Isso é um exemplo de limitação geográfica.

O mesmo vale para a limitação de capacidade: se você vende sanduíches naturais e um grande grupo empresarial quiser contratar uma entrega diária para seus 5 mil funcionários, você conseguirá produzir essa quantidade? Reflita sobre isso ao montar sua lista de prospecções e inclua apenas clientes em potencial. Em outro exemplo, consideremos que você venda uniformes escolares e listou, entre seus potenciais clientes, os alunos de uma escola nas proximidades da sua empresa. Se você entrar em contato e conseguir uma maneira de oferecer os uniformes aos pais de todos os alunos e todos eles comprarem, você conseguirá atendê-los dentro do prazo?

Já aconteceu de eu avaliar que não tinha capacidade de atender potenciais clientes quando, em determinada ocasião, identifiquei que poderia começar a oferecer serviços de telecomunicações para bancos. Naquele momento, considerei que um dos maiores bancos nacionais seria um potencial comprador. Ocorre que, caso eu fizesse a oferta e o banco quisesse comprar internet da minha empresa para todas as suas agências, eu não teria como atendê-lo. Com isso, segurei a ansiedade e não fiz a abordagem. É preciso ter consciência dessas limitações antes de sair vendendo a torto e a direito, para evitar futuras dores de cabeça e se queimar no mercado.

5. Quem é esse cliente?

Ao começar a quinta etapa do seu planejamento, você já terá em mãos a lista de possíveis clientes, que poderão se tornar oportunidades reais de venda. No exemplo usado nas etapas anteriores, essa lista tem cem nomes. A partir de agora, antes de entrar em contato com cada um desses clientes, seu trabalho é conhecê-los melhor, pesquisar a respeito deles e tentar antecipar suas características, peculiaridades e supostas necessidades. É importante saber como se apresentar, com quem exatamente falar e antecipar informações que possam ser úteis para essa pessoa ou empresa a respeito do que será oferecido.

6. Como chegar até o cliente?

Após conhecer seu potencial cliente, o(a) vendedor(a) efetivamente entra em contato com ele, na tentativa de agendar uma visita para apresentar seu produto ou serviço. Essa abordagem deve ser a mais personalizada possível, de preferência via telefone e diretamente com quem pode decidir pela compra.

Jamais faça esse primeiro contato por e-mail ou via mensagens em redes sociais, muito menos as padronizadas. O risco de esses textos serem apagados antes mesmo de lidos é bastante alto. Faça as ligações (ou contatos via WhatsApp) e tente marcar uma visita.

No exemplo que estamos usando, o trabalho é entrar em contato com os cem nomes da lista. Se o mês tem 20 dias úteis, será necessário abordar ao menos cinco oportunidades por dia. A grande missão, ao marcar as visitas, é agrupá-las por localidades próximas – ou seja, organizar-se para ir aos clientes que estão perto uns dos outros no mesmo dia (em cidades grandes, por exemplo, essa logística faz toda a diferença para o melhor aproveitamento do tempo).

É importante ir pessoalmente conversar com cada cliente. Desde o início desta obra, ressalto que há um tipo de venda que sempre precisará de vendedores, aquela que é personalizada, customizada, consultiva. Nesse caso, o contato presencial é muito importante para estabelecer uma relação de confiança com o comprador. É na visita que o(a) vendedor(a) entende de verdade a necessidade do cliente e de que forma o seu produto ou serviço será útil para ele. Como já mencionado na introdução deste livro, até mesmo empresas fortemente tecnológicas têm representantes comerciais que saem às ruas para visitar clientes e apresentar seus produtos (já recebi visita presencial de gigantes como Amazon, Facebook e LinkedIn).

Talvez com as evoluções tecnológicas, essas visitas presenciais migrem para um modelo virtual, como videoconferências, mas até 2019 isso ainda não era o padrão. De qualquer modo, mesmo que por videoconferências, a conversa e o contato humano estarão lá. Nada será feito com apenas um clique, por meio de um aplicativo, como ocorre com a comercialização de produtos ou serviços formatados, que não exigem personalização (nesses casos, sim, a virtualização tem se mostrado uma ótima tendência para as vendas – talvez um caminho sem volta).

Lembre-se disso nesta etapa do planejamento e, se você pretende ser um vendedor exponencial, não tente encurtar caminhos. No limite, quando realmente não for possível marcar uma conversa presencial, o telefone ou aplicativos de videoconferência são alternativas. Porém, o dia a dia do vendedor é de muitas visitas. Existe uma regra básica: se você não visita, você não vende.

7. Por que o cliente precisa de mim?

Engana-se quem pensa que, depois da visita agendada, é só chegar na hora marcada com um sorriso no rosto e uma boa lábia. O(a) vendedor(a) de sucesso sabe que, antes de chegar a uma reunião, precisa se preparar ainda mais. É hora de fazer uma investigação mais minuciosa do que a já feita nas etapas anteriores. Analise o cliente prospectado e obtenha informações suficientes para uma abordagem convincente no dia da visita. Aprofunde-se o máximo que conseguir, para aumentar seu repertório na hora da conversa. Estude bem cada caso, procure descobrir qual é o principal problema desse cliente e tente antecipar como você poderá ajudá-lo da melhor forma. Procure ter argumentos para as seguintes questões: Por que essa pessoa aceitou recebê-lo? Por que ela precisa do seu serviço ou produto, levando em conta as particularidades dela? O que pode ser interessante apresentar nessa primeira reunião?

Se o potencial cliente for uma pessoa física, tente descobrir o universo específico em que ela vive, levando em conta sua idade, renda e necessidades identificadas. Se for uma empresa, faça uma varredura em seu site e redes sociais, pesquise o mercado de atuação, sua origem e história, se tem unidades de negócio e filiais em outras localidades, etc.

Após identificar exatamente com quem você fará a reunião, procure saber detalhes pessoais desse interlocutor. Tudo o que puder descobrir de antemão é bem-vindo. Por mais que o comprador final seja uma empresa, a venda ocorre sempre de um ser humano para outro. Saiba, portanto, com quem você vai negociar. Se possível, entre no perfil dessa pessoa nas redes sociais e descubra do que ela gosta, quais são seus hobbies e preferências. Tudo é material para chegar à visita o mais preparado possível e causar uma boa impressão ao vivo.

8. Qual é o objetivo da primeira visita?

Cada visita tem um objetivo inicial. Pode ser fazer uma apresentação institucional e mostrar seu portfólio, dar estimativas de valores e formas de pagamento, detalhes do contrato ou esclarecer dúvidas. É claro que a finalidade de todas as visitas é vender, mas até lá há todo um caminho a ser percorrido. Mesmo porque, por mais que um bom planejamento aumente as chances de sucesso, na venda de produtos ou serviços personalizados dificilmente o negócio é fechado na primeira reunião. Geralmente, quanto maior for o pedido, o valor da compra ou o nível de personalização, mais tempo se levará para chegar a um acordo. Todo esse processo pode levar meses, com muitos retornos e novas reuniões. Por isso, é muito importante saber o seu objetivo naquela que pode ser a primeira de muitas conversas.

Tenha em mente que não existe encontro com cliente para bater papo e tomar café. Essa "desculpa" é comum no universo das vendas. Por mais que, de fato, seja um café de relacionamento, saiba que o objetivo inicial é se aproximar do cliente para, no futuro, fazer uma venda. Vá preparado para conversar, conhecer mais do interlocutor, quem ele é e do que pode vir a precisar. E não desperdice o seu tempo: fique atento e tenha estratégias em todas as reuniões, pois o objetivo final do vendedor sempre é vender.

Meus aprendizados ao planejar vendas

Após um breve resumo sobre os principais pontos que englobam a primeira etapa do processo de venda, convido-o para uma imersão em histórias, casos e exemplos de atuação que presenciei em minha trajetória, ao fazer meus próprios planejamentos.

Como espero que tenha ficado claro até aqui, estudos, pesquisas e a busca constante por conhecimento e aprofundamento norteiam do início ao fim essa trabalhosa, porém indispensável, fase de planejamento das vendas.

Divido esse preparo do(a) vendedor(a) em dois âmbitos:

Um deles chamo de **desenvolvimento pessoal e profissional**, que ocorre por meio de estudos acadêmicos, especializações, cursos extracurriculares, capacitações e conhecimentos sobre vendas ou outras áreas, aprendizado de idiomas, aprimoramento de habilidades emocionais e de comunicação, etc.

O outro chamo de **estudo de mercado**, que é o preparo técnico voltado ao segmento de atuação da empresa que o(a) vendedor(a) representa, mergulhando em seu universo (produtos e serviços), setor, concorrência e público-alvo.

1. Desenvolvimento pessoal e profissional

Acredito que o bem mais valioso que um bom profissional de vendas pode ter é o seu conhecimento e a sua bagagem cultural. Isso é adquirido ao longo da carreira, conforme as experiências aparecem, mas também deve ser procurado de forma proativa pelo(a) vendedor(a). Quanto mais atualizado e informado você estiver, mais repertório terá para conversar com diversos perfis de clientes, ampliando suas chances de venda. O(a) vendedor(a) exponencial sabe disso e não se limita a estudar somente sobre o seu mercado de atuação ou portfólio, mas fica atento(a) ao que acontece no seu entorno e no mundo, abrindo-se a novos aprendizados e experiências.

Conhecimento nunca é demais, pois expande nossos horizontes. Afirmo isso sem medo porque hoje, quando olho para trás, vejo o quanto a busca contínua por conhecimento me ajudou a obter melhores resultados. Compreendo o quanto evoluí como profissional graças a esse meu perfil de sair da zona de conforto em busca de melhores resultados. Só cheguei a um patamar do qual hoje me orgulho porque sempre me dediquei muito ao meu desenvolvimento pessoal. Nunca parei de estudar: após me formar em Engenharia Elétrica, fiz MBA em Administração no Brasil, porém, sempre tive muita vontade de estudar nos Estados Unidos e realizei esse sonho em 2013, quando fui aprovado para um MBA na Universidade de Ohio – inclusive, para conseguir a vaga, tive que me superar na prova de inglês. Fiz três vezes o teste de proficiência TOEFL até obter a nota mínima (consegui com muito esforço e foco, com o auxílio de um professor norte-americano). Voltando para o curso, a abordagem era geral, com disciplinas como economia, contabilidade e gestão, entre outras. Um dos laboratórios que fiz era de finanças, e o professor era investidor da bolsa de valores. Ele ensinou como funciona o mercado de ações. Chegamos, inclusive, a investir em uma carteira de US\$ 1 milhão que a universidade disponibilizava para os alunos aprenderem (penso que essa carteira tinha algumas limitações para que os alunos não fizessem nenhuma besteira).

Esse aprendizado me deu um amplo repertório na volta ao Brasil, a ponto de eu me sentir confortável para conversar com executivos, gerentes, diretores e CEOs de grandes empresas sobre assuntos relacionados a investimentos, pois esses profissionais estão o tempo todo pensando em como crescer e valorizar as ações de suas companhias (quando são de capital aberto). Ter aprendido sobre o funcionamento da bolsa de valores e da compra e venda de ações serviu como ferramenta de argumentação e me proporcionou maior segurança para interagir com esses clientes, permitindo-me abordar o quanto os meus serviços poderiam ajudá-los a ser mais eficientes e valorizar seus papéis. Toda essa bagagem me ajudou, ainda, na aproximação com grandes bancos. Pude identificar as reais necessidades de instituições financeiras e oferecer serviços e produtos específicos que as atendessem com exclusividade. Comecei a falar a mesma língua desses profissionais e, com isso, tivemos grandes sucessos e fizemos vendas excepcionais para os principais bancos do país. Ou seja, uma experiência acadêmica me proporcionou conhecimentos que resultaram em mais vendas para a minha empresa.

Um tempo depois, em 2017, estudei na Singularity University, como já relatei em páginas anteriores. Lá, no Vale do Silício, minha busca era por exercitar novas formas de pensamento e expandir minha visão sobre fazer negócios. Procurei o local justamente com a expectativa de fazer algo diferente de tudo o que já tinha visto na minha vida – que, até então, eram conhecimentos mais tradicionais e objetivos. Eu lia no noticiário a respeito dos resultados exponenciais das grandes empresas de tecnologia, pesquisei onde poderia me aprofundar nesse conhecimento, e todos os resultados apontavam para a Singularity. Fui em busca de estímulos para pensar fora do padrão que eu pensava até aquele momento, me aprimorar e tornar o que eu faço ainda maior e melhor.

Em todas essas oportunidades, colhi frutos diretos e indiretos nas vendas, não apenas pelos aprendizados formais das aulas, mas por fatores imensuráveis como ampliar a rede de contatos e enriquecer meu repertório para negociar com os clientes. Claro que não observo isso apenas em mim, mas em pares que têm o mesmo comportamento e em vendedores que já trabalharam na minha equipe. Aqueles que se desafiam, são disciplinados e nunca se cansam de aprender têm as melhores performances.

A relevância da bagagem cultural

Um dos tipos de conhecimento que aprendi a valorizar desde cedo como vendedor é o que chamo de bagagem cultural. Meu primeiro emprego na área comercial foi, curiosamente, fora do país, em Portugal. Menos de um ano após eu me formar como engenheiro, soube que uma empresa portuguesa, chamada Cabelte, planejava fabricar cabos de fibra óptica para telecomunicações em Itajubá, minha cidade natal. Eu trabalhava na área técnica, mas queria ser vendedor e me candidatei à vaga. Fiquei muito feliz quando fui contratado como analista de pré-vendas, com a condição de que fosse trabalhar em Portugal enquanto a empresa construía suas instalações no Brasil. Foi ótimo, com 21 para 22 anos tive a minha primeira experiência internacional de vida.

Essa oportunidade foi tão marcante para mim, que lembro a data do embarque até hoje: 24 de abril de 1998. Cheguei lá sem saber nada e aprendi tudo do zero. Nunca havia saído do Brasil ou viajado de avião. Como a fábrica em Itajubá ainda não estava pronta, minha função em território lusitano era justamente desenvolver propostas para o gerente comercial português que ficava no Brasil à procura de oportunidades de negócio. Ele me mandava as possibilidades, e minha função era precificar e defender tecnicamente os projetos que ele desenvolvia em terras brasileiras – na época, fabricávamos os produtos em Portugal e os exportávamos para o Brasil.

Eu não tinha a menor ideia sobre como elaborar essas propostas. Ainda tenho gravado o nome da engenheira que me treinou, Marcela Teixeira. Ela me ensinou desde questões técnicas, como precificar e argumentar uma proposta comercial, até interagir com clientes de diferentes culturas, inserindo-me em negociações de exportação.

Nos seis meses que morei em Portugal, lidei com diferentes povos e culturas. Fui a vários países, tanto a trabalho quanto a turismo – este último em curtas "escapadas" aos finais de semana. Certa vez, acompanhei a Marcela em uma reunião com clientes russos, quando eu ainda sequer sabia falar inglês direito. Também participei de negociação com espanhóis sem conhecer o idioma e viajei sozinho à Suíça, a trabalho. Aprendi que não é a mesma coisa vender para pessoas de outras nacionalidades. Cada cultura age de uma forma, e o vendedor tem que se adaptar aos costumes do cliente caso queira ter sucesso.

Essa experiência foi muito importante para mim naquela época, porque, quando voltei ao Brasil, as empresas de telecomunicações haviam sido privatizadas e, novamente, tive que me relacionar com públicos de diferentes nacionalidades. Quem comprou a antiga Telesp (Telecomunicações de São Paulo), por exemplo, foi a Telefónica, da Espanha. E quem adquiriu a parte de telefonia celular no Rio de Janeiro foi uma companhia portuguesa, a Portugal Telecom.

Sei que é uma exceção ter como primeira experiência profissional um trabalho no exterior, e sou grato por ter tido essa oportunidade tão jovem, mas qualquer vendedor lida com clientes de diferentes crenças, tradições, costumes e origens em seu dia a dia, pelo simples fato de trabalhar diretamente, o tempo todo, com pessoas. Por isso, é importante conhecer bem a cultura dos seus clientes, caso queira obter bons resultados com as vendas.

No final de 2008, passei por uma experiência interessante nesse sentido. Eu já atuava há alguns anos como gerente da regional da Algar em Campinas, no interior de São Paulo, quando fui convidado pela empresa para assumir o mesmo posto na regional do Rio de Janeiro. Aceitei o desafio, com a ideia de aplicar no Rio a mesma fórmula que já funcionava em Campinas, mas não deu certo. Nos primeiros meses, tive muitas dificuldades, mantive a performance do meu antecessor, mas não consegui bater a meta que recebi da empresa. Isso aconteceu porque eu não compreendia o funcionamento do mercado carioca. Tive que fazer adaptações considerando as diferenças regionais para conseguir reverter a situação. Caso quisesse ter bons retornos, eu teria que conhecer o funcionamento da sociedade local, e logo fui atrás de estreitar relacionamentos para aumentar minhas vendas no Rio.

Foi um trabalho de muita pesquisa, que envolveu um plano de ação. Contratei um analista de marketing experiente, o Luiz Fernando Valente Machado, profundo conhecedor do mercado da capital fluminense. Juntos, determinamos locais que eu deveria frequentar como gerente regional, para que fôssemos mais conhecidos na cidade e melhorássemos a nossa performance. Uma das ações de destaque que fizemos para levar nossa marca a tomadores de decisão foi reunir os principais empresários da cidade dentro de um iate, para assistir a uma palestra do economista e ex-ministro da Fazenda Maílson da Nóbrega[12]. Levamos todos para passear na Baía de Guanabara, passando sob a ponte Rio-Niterói, e oferecemos um coquetel. Conseguimos colocar 50 empresários no iate. Estávamos no início de 2009, logo após o estouro da crise hipotecária nos Estados Unidos, e era de interesse deles

---

[12] Maílson da Nóbrega foi ministro da Fazenda entre janeiro de 1988 e março de 1990. Restabeleceu as relações com a comunidade financeira internacional depois da moratória da dívida externa de 1987. Disponível em: http://mailsondanobrega.com.br/perfil/. Acessado em 8 de março de 2019.

ouvir aquela palestra. Usamos toda a nossa criatividade e conseguimos nos aproximar das pessoas com quem queríamos nos relacionar – com o benefício de que ninguém poderia ir embora, pois estavam todos dentro da embarcação, em alto-mar. A ação foi um sucesso, e os resultados nas vendas foram excepcionais.

Essa necessidade de adaptação acontece o tempo todo na vida do vendedor. Ao longo da minha carreira, negociei inúmeras vezes com clientes de diferentes países, e não há um estado brasileiro para o qual eu não tenha vendido. Sempre precisei me adequar às distintas realidades de cada local, preparo que faz parte da etapa de planejamento.

Recentemente, por exemplo, já como diretor de Expansão de Negócios da Algar Telecom, na inauguração das operações no Nordeste, descobri a importância de transmitir confiança ao(a) tomador(a) de decisão na hora de fazer o contato inicial, via telefone, para tentar agendar uma visita. Logo nas primeiras ligações, notei uma desconfiança por parte dos clientes em potencial, que se mostravam preocupados em saber quem éramos e como havíamos conseguido o telefone deles – talvez porque o mercado na região ainda não seja tão explorado como no Sudeste, onde as empresas estão mais do que acostumadas a receber telefonemas de representantes comerciais o tempo todo. Minha equipe aprendeu que os(as) decisores(as) não aceitariam nos receber enquanto o vendedor não esclarecesse como havíamos conseguido o contato deles. Compreender essa diferença de comportamento fez com que nos adaptássemos nas abordagens. Percebemos a importância de detalhar como chegamos até o cliente na hora de nos apresentarmos, antes mesmo de falar sobre o nosso serviço.

Uma viagem que fiz à China a trabalho enquanto escrevia este livro, em novembro de 2018, foi mais uma imersão de aprendizado nesse sentido. Tentei me preparar ao máximo antes de ir e conversei com várias pessoas que já tinham estado no país, para entender como é fazer negócio com os chineses. Vivenciei lá experiências completamente diferentes das que estou acostumado por aqui. Os presidentes das empresas sentavam-se sempre de frente para mim, que era o chefe da delegação da Algar, e os demais, ao redor dele, se posicionavam de acordo com a hierarquia. Nas conversas, os presidentes olhavam apenas para mim, como se os demais funcionários não estivessem ali. Na hora de servir o chá, em uma cerimônia tradicional, o presidente sempre dá o primeiro gole, sendo seguido pelos demais. Há salas específicas nos restaurantes para as reuniões de negócios – eles não negociam no salão aberto dos estabelecimentos, para que as pessoas nas mesas próximas não ouçam a conversa. Ou seja, há diversos costumes que, se não forem seguidos, atrapalham os negócios. Deixar de segui-los talvez não impeça que uma venda ou parceria aconteça (como era meu objetivo naquela viagem), mas pode dificultar e retardar o processo, pois se gasta tempo pedindo desculpas e contornando situações delicadas. Além disso, o vendedor exponencial não tem esse tempo a perder e tenta encurtar ao máximo o caminho até a venda, levando em conta todos os fatores que a envolvem – inclusive, e sobretudo, adaptações conforme a cultura do cliente em potencial.

Tenho mais uma história que demonstra o quanto essa questão da cultura é importante nas negociações. Certa vez, atendi um cliente de origem árabe, diretor de uma grande empresa. Eu não o conhecia, fui para a primeira visita, entendi a demanda e voltei com uma solução perfeita que atendia tudo o que a empresa dele precisava. O preço era bom e, embora ele estivesse satisfeito com a proposta, não fechou comigo no primeiro momento. Tivemos vários almoços, nos quais ele parecia estar muito interessado em saber quem eu era na vida pessoal, perguntando tudo o que eu fazia ou deixava de fazer. Ao longo do tempo, percebi que, no fundo, esse cliente queria saber se eu era um bom sujeito, levando em conta os valores dele, ou se meus hábitos pessoais se confrontavam com os da cultura dele. Para esse diretor, mais importante do que o serviço que eu vendia, era saber se eu era um sujeito confiável, uma pessoa em quem ele poderia dar um aperto de mão e com quem fechar negócio. Sabendo disso, tentei a todo momento demonstrar, por meio de gestos e palavras, que eu era um vendedor sério, regrado, que ele poderia confiar em mim. E o cliente só fechou quando se sentiu seguro com relação a isso.

Eu poderia escrever sobre inúmeras outras histórias de interações como essas. Noto que até o gênero do cliente, via de regra, influencia na negociação. Vender para mulheres não é o mesmo que vender para homens. Acredito que isso aconteça por fatores culturais, o que talvez mude com o passar dos anos, conforme as mulheres assumam cada vez mais posições de decisão dentro das empresas. Contudo, pela minha experiência, as mulheres hoje em dia são muito mais objetivas e duras que os homens para negociar.

Por isso, antes de fazer uma visita, reflita: quem é o(a) tomador(a) de decisão? Como é a sua cultura? Qual é a origem da empresa dele(a)? Em grandes grupos, principalmente multinacionais, é muito comum você ter que negociar com uma pessoa que não é brasileira. Se você vai a uma reunião com quem é de outra cultura, prepare-se também sobre isso e conquiste a simpatia do seu cliente.

Chovendo no molhado: saiba idiomas

Por mais que você venda só para empresas brasileiras, o conhecimento de outros idiomas, principalmente do inglês, sem sombra de dúvidas vai lhe trazer benefícios e colocá-lo em uma posição de destaque nas vendas. O mundo está cada vez mais globalizado, as nomenclaturas e informações de produtos e serviços muitas vezes estão em inglês e negociações com pessoas de diferentes nacionalidades acontecem com cada vez mais frequência.

Certa vez, por exemplo, estávamos em Jundiaí, no interior de São Paulo, fechando uma negociação representativa pela Algar Telecom com uma grande empresa chinesa que prestava serviços para a Apple. A fábrica veio para o Brasil, aliás, porque o governo havia diminuído a alíquota de impostos para quem produzisse *smartphones* aqui no país. Tentamos vender nossos serviços de telecomunicações, mas fomos surpreendidos ao perder para uma concorrente chinesa, a China Telecom. Por que trago esse exemplo? Hoje, concorremos com o mundo inteiro. Uma empresa lá da China que sequer atua no Brasil vendeu um negócio para uma empresa chinesa aqui dentro. Quem não estiver preparado, não souber discutir e argumentar em outras línguas perderá a oportunidade.

Em outra ocasião, vendemos para uma start-up de tecnologia em Campinas que, rapidamente, se tornou uma empresa global. Passado um tempo, o fundador, satisfeito com os nossos serviços, voltou a nos procurar e disse: "Preciso que você me atenda nos Estados Unidos e negocie com o pessoal de lá". Eles poderiam ter contratado diretamente uma empresa norte-americana, mas preferiram que encontrássemos uma solução para eles. Como não tínhamos rede nos EUA, alugamos de uma empresa que atua naquele país para interligar à nossa. Nesse caso, mais uma vez, o preparo constante do(a) profissional de vendas é fundamental. Não existe a possibilidade de se acomodar, considerando atender apenas empresas brasileiras, porque hoje em dia os mercados são globais. É importante investir no inglês e em outros idiomas, como o espanhol e o mandarim, pois, se você não se preparar e aparecer uma oportunidade incrível, você perderá a venda.

Amplie seu repertório

Estar atualizado e saber o que está acontecendo no país e no mundo também faz parte da bagagem cultural esperada de um(a) vendedor(a) exponencial. Fatores e acontecimentos políticos internos e externos influenciam o tempo todo a economia brasileira e mundial. Eles podem causar oscilações no câmbio, por exemplo, e afetar tanto os preços quanto o mercado do seu cliente, alterando decisões de compra. Você pode não conseguir visitar a China, mas tem que se informar sobre o que se passa por lá, nos Estados Unidos, na Europa, na América Latina. Via de regra, esses conhecimentos serão usados na hora de você negociar com os clientes. Mostrar que sabe o que está acontecendo no mundo melhora os argumentos e transmite segurança ao interlocutor.

O(a) vendedor(a) tem que acompanhar o noticiário, estar preparado(a) para se adaptar a mudanças bruscas nas estratégias e se reinventar muito rápido. Quando alterações afetam o mercado, é importante ter proatividade, trazer novas ideias e possibilidades para ampliar as vendas.

Eu ainda trabalhava na Cabelte, em Portugal, quando, entre o final dos anos 1990 e o início dos 2000, fortes crises econômicas impactaram os negócios – que até então cresciam de vento em popa. Recordo-me que tudo começou com uma crise financeira na Rússia, seguida do que ficou conhecido como "bolha da internet"[13]. O mercado de telecomunicações entrou em crise e, infelizmente, era esse segmento que movimentava o setor de cabos de fibra óptica. Para piorar a situação, nossa empresa havia adquirido dívidas em dólar para se instalar no Brasil e, com a forte desvalorização do real frente ao dólar em 2002, o saldo devedor mais que dobrou de tamanho em pouquíssimo tempo. Meu emprego estava ameaçado. Era difícil conseguir pedidos novos e a empresa, em colapso, sequer tinha dinheiro para produzir e entregar as

---

[13] Quando o valor de ações supervalorizadas de empresas de tecnologia, as chamadas "pontocom", despencou após o estouro de uma bolha especulativa.

encomendas já recebidas. Esse foi o primeiro grande desafio que tive que enfrentar na minha vida de vendedor.

Criamos uma linha de ação para operar diante daquelas adversidades. Em parceria com meu tutor na época, o Edson Riera, um vendedor bastante experiente, com quem aprendi muito (conto em páginas seguintes alguns dos aprendizados que obtive com ele), tive a ideia de ir atrás dos clientes e oferecer desconto para quem nos pagasse adiantado. Com o dinheiro que recebíamos antecipadamente, comprávamos o material para produzir aqueles pedidos e fazer as entregas. Fizemos essa proposta a várias pessoas. Foi um sufoco, mas com isso garantimos a entrega ao menos para quem havíamos vendido – pois o vendedor exponencial sabe que, após feita a venda, o "filho" é seu até a entrega (falo mais sobre essa postura no capítulo sobre pós-venda). Só assim ele garante que futuras vendas aconteçam.

Essa saída apenas foi possível porque estávamos antenados nos acontecimentos econômicos mundiais e, consequentemente, no que acontecia em nosso mercado. Tínhamos argumentos fortes e convincentes. Épocas de crises exigem do(a) vendedor(a) muitas manobras, estratégias e competência. É preciso entender o mundo ao redor e se preparar, pois crises podem acontecer a qualquer momento. Caso ocorram, é necessário procurar alternativas, o que exige resiliência e muita criatividade. Uma postura nada fácil para quem já está enfrentando baixa de vendas e de renda – uma vez que as comissões também caem em momentos assim.

Naquela época, infelizmente, todo o nosso esforço não foi suficiente, porque a empresa realmente enfrentava uma situação financeira muito complicada. Assim que notei aquela circunstância, parti em busca de recolocação profissional. No final daquele ano, saí da companhia, que quebrou no começo do ano seguinte.

Em meados de 2003, quando eu ainda estava à procura de novas oportunidades, mais uma vez meu jogo de cintura de vendedor foi testado – em uma situação incomum, mas que às vezes acontece com vendas. Recebi a ligação de um colega com quem havia trabalhado na Cabelte. Era uma proposta para eu fazer a venda, já na semana seguinte, de um cabo de fibra óptica para uma grande empresa de telefonia que estava em expansão e precisava passar o cabo de forma submarina pela Baía de Guanabara, no Rio de Janeiro. O cabo seria produzido nos Estados Unidos e minha função era levar dois compradores da empresa até a sede da fabricante, em Boston, para medir o produto na frente deles (e garantir que a qualidade era boa). O problema é que, embora eu possuísse quase todos os pré-requisitos para fazer a venda (visto para os EUA em dia, noções de inglês, experiência internacional e no mercado de fibra óptica para telefonia), eu não conhecia absolutamente nada de cabos submarinos, nunca havia vendido o produto e não tinha ideia de como fazer a medição. Meu colega me disse que, quando eu chegasse ao Rio (morava em São Paulo), os responsáveis me ensinariam a medir antes do embarque aos EUA com os potenciais clientes.

Aceitei o desafio. Na semana seguinte, embarquei rumo ao Rio e tive apenas duas horas para aprender a fazer a medição antes de seguir novamente para o aeroporto, onde conheceria os dois compradores com quem viajaria a noite inteira. Ainda no aeroporto, tive a sorte de conhecer um dos interessados na venda, uma pessoa que oferecia o serviço de lançamento de cabo submarino com mergulhadores, em um negócio de altíssima precisão. Deixei os potenciais clientes um pouco de lado e, disfarçadamente, pedi para o sujeito me ensinar como era feito o lançamento dos cabos. Assim, obtive um pouco mais de conhecimento para passar aos clientes durante o voo, que seria longo – mesmo assim, dei um jeito de encerrar a conversa com a desculpa de tirar um cochilo durante a viagem.

Após uma escala em Miami, chegamos a Boston e notei a pressa dos clientes em medir tudo rapidamente e ganhar tempo para conhecer a cidade. Atento a isso, agilizei o processo o máximo que pude, de forma a agradá-los e aumentar minhas chances de sucesso – como falo insistidas vezes no decorrer destas páginas, a venda é, sobretudo, resultado de um bom relacionamento. Chegando à fabricante, pedi licença e, sem que os clientes notassem, fui conhecer o cabo antes de chamá-los para fazer a medição na frente deles. No final das contas, deu tudo certo: medi e eles compraram. Ganhei uma boa comissão, um dinheiro muito bem-vindo naquela fase em que eu estava sem emprego fixo.

Talvez pareça ter sido fácil, mas foi um processo sofrido e tenso. Foram menos de dez dias entre aquela ligação do meu colega e a concretização do negócio. Tive que vender algo novo para pessoas que até então eu desconhecia, sem qualquer construção de um relacionamento anterior. Lembro que fiquei bastante ansioso, tive que pensar e agir rápido. Precisei improvisar para dar a entender que conhecia bastante o produto – sempre dentro da ética e da responsabilidade, claro. Situações como essa não são tão comuns assim no dia a dia do vendedor, mas vira e mexe aparecem. Em outra ocasião, já aconteceu, por exemplo, de eu estar em no meio de um processo de venda convencional, seguindo meu planejamento, e o cliente me ligar desesperado, precisando alterar o pedido urgentemente, "para ontem". Portanto, o vendedor também tem que estar preparado para conseguir atender a esses imprevistos e aproveitar oportunidades únicas de fechar um negócio.

2. Estudo de mercado

Você sabe profundamente sobre o seu produto ou serviço, ou o seu conhecimento é superficial? Sente-se capaz de ter uma conversa técnica com o cliente sobre todos os aspectos, funcionalidades e detalhes do que vende? Se a sua resposta for não, lamento dizer que está se distanciando das vendas exponenciais. É necessário estar preparado para responder a qualquer pergunta do interessado sobre a compra, inclusive as técnicas e teóricas.

Aprofundar-se no universo do que comercializa é obrigatório para qualquer profissional de vendas. Estude tudo sobre a história e o portfólio da empresa que você representa. Mergulhe fundo, entenda as funcionalidades e os pontos fortes e fracos do seu produto ou serviço. Por mais que muitos vendedores contem com o apoio de um profissional da área técnica para tirar dúvidas ou elaborar propostas, não hesite em lhe fazer perguntas antes de começar a vender e se torne também um especialista no assunto.

Acredito que essa seja uma recomendação que serve para qualquer profissional, de todas as áreas. Um médico, por exemplo, precisa estar sempre informado e atualizado sobre sua especialidade, pois os pacientes costumam pesquisar de antemão no Google sobre determinada doença ou sintomas e já chegam ao consultório com dúvidas sobre o que leram. O mesmo acontece com vendas. É o conhecimento que proporciona confiança e segurança para o cliente. Quanto mais informado você estiver nas conversas e reuniões, maior é a probabilidade de fisgar o comprador, antecipar etapas para fechar o negócio e evitar que o interessado, inseguro, obtenha na concorrência as respostas que você não lhe deu.

Qualquer vendedor(a) ganha destaque ao entender bem daquilo que vende. Em 2018, precisei viajar a Porto Alegre para o início de uma operação da Algar na cidade e, ao chegar lá, notei que havia esquecido o cabo para recarregar meu celular. Assim que saí na rua para estudar o mercado, aproveitei para procurar uma loja onde pudesse unir o útil ao agradável: sondar o comércio sobre a oferta de banda larga na região e comprar um carregador baratinho, um "quebra-galho" até que eu voltasse para São Paulo. Entrei no estabelecimento, fiz minha sondagem e disse ao vendedor que precisava de um cabo econômico e provisório para o meu *smartphone*. Qual não foi minha surpresa quando o jovem rapaz atrás do balcão me deu uma verdadeira aula sobre carregadores destinados à marcado meu aparelho! Ao final, fui convencido de que não valia a pena comprar o produto mais barato, mesmo que para usar por pouco tempo, porque isso poderia causar problemas de carregamento. Com argumentos convincentes, ele provou que era melhor eu investir em um item intermediário, que, mesmo sem ser o original (mais caro), tinha o uso autorizado pela fabricante. Muito do que o rapaz disse eu já sabia, mas ele estava tão preparado que me surpreendeu e me fez mudar de opinião. Como estávamos inaugurando a operação naquela cidade, não hesitei em pegar o contato dele para oferecer uma oportunidade de trabalho na Algar. Esse profissional foi contratado e está conosco até hoje. Durante muito tempo, ele foi disparado o nosso melhor vendedor na operação de Porto Alegre e, posteriormente, recebeu uma promoção.

Citei esse exemplo para reforçar como o conhecimento é impulsionador de vendas, independentemente da área de atuação. O vendedor em questão era super jovem e estava no começo da carreira, mas se preparou para entender sobre o que vendia. Quando entrei na loja, ele estava pronto para oferecer o seu melhor atendimento, identificou rapidamente o meu perfil, de quem preza pela qualidade, e, sabendo disso, me vendeu algo diferente daquilo que fui comprar.

Como seu mercado funciona?

Além de se tornar um especialista sobre sua empresa, produto ou serviço, é importante entender o funcionamento do seu mercado em geral. Pesquise e estude como esse segmento está situado dentro das condições macroeconômicas do país. Ele encontra-se em crise ou em crescimento? Como está a demanda das empresas por aquilo que você oferece?

Quais são as tendências para o futuro? Devem surgir novas tecnologias ou novos produtos?

Identifique, ainda, quem são os seus concorrentes, quais tipos de abordagem eles usam com os clientes e qual resultado obtêm. Para isso, vale de tudo: analisar ações de marketing e campanhas de publicidade da concorrência, observar a expansão das marcas (fisicamente e on-line, nas mídias digitais), pesquisar sobre elas na internet, participar de eventos do setor (como feiras e palestras) e se aproximar de profissionais da área para trocar experiência com eles. Sempre participei de eventos do setor e construí uma grande rede de contatos. É claro que ninguém vai passar informações estratégicas da sua empresa para o concorrente, mas sempre há uma troca de informações que são benéficas para os dois lados. Nesses compartilhamentos, conheci bons colegas de profissão. Quando saí da Cabelte e fiquei um tempo sem emprego fixo, por exemplo, cheguei a fazer vendas em parceria com um colega que havia sido meu concorrente no passado.

Quem conhece pouco do mercado deve se aproximar de pessoas experientes – de dentro ou fora da empresa. Aprender com os mais velhos é crucial para crescermos na carreira. Durante toda a minha vida, sempre tive um mentor, uma pessoa experiente a quem eu admirava, na qual me inspirava e de quem recebia conselhos. No começo, essas figuras eram meu pai, minha tia e meu tio comerciantes. Desde o começo da minha carreira de vendedor, sempre identifiquei profissionais que me transmitiam conhecimento. Até hoje, mesmo como diretor, procuro meus mentores quando estou em um momento difícil ou preciso tomar uma decisão importante. Sempre tenho duas ou três pessoas que me aconselham. Mesmo que eu tenha uma intuição sobre o melhor caminho a seguir, gosto de ouvir opiniões de quem confio. Eles não tomam a decisão por mim, mas me ajudam a tomá-la. Por isso, sugiro que, quando você se sentir inseguro(a), busque o conhecimento e a sabedoria de quem já passou por trajetos parecidos. Às vezes, a solução para o que você precisa está na experiência de alguém. Não sofra da síndrome do "eu sou o(a) melhor, sei fazer tudo sozinho(a)".

Quando estava no começo da minha carreira e trabalhava em Portugal pela Cabelte, passei por uma experiência ruim que talvez pudesse ter sido evitada se eu tivesse recebido e aceitado alguns conselhos. Como já contei, eu fazia projetos e propostas para as vendas. Certa vez, fomos habilitados tecnicamente a participar de uma grande concorrência para fornecer cabos a uma empresa francesa. Preparamos tudo. Nosso gerente comercial na época foi várias vezes à França, criou relacionamento e fez uma boa apresentação da nossa empresa para o cliente em potencial. Ficamos a par de todos os detalhes, como o tamanho que os cabos deveriam ter e detalhes técnicos que nos davam vantagens competitivas. Como em toda concorrência, o menor preço ganharia e, com tanta informação (talvez muito mais que os concorrentes), tínhamos toda a condição de fazer a melhor oferta. Trabalhei arduamente na proposta e dei o meu máximo para deixar tudo "nos trinques", sem brechas. Estávamos certos de que ganharíamos. Eu já sonhava com a glória de, como iniciante e, sobretudo, brasileiro, ter feito uma venda tão importante. Porém, nós perdemos.

Os concorrentes tinham que colocar na proposta um preço unitário de cada material e multiplicar pela quantidade total do projeto. A concorrência se dava pelo preço unitário. Não me recordo dos valores, mas, ao final da abertura dos envelopes, nosso preço de fato era o menor, mas com um detalhe: entre as empresas que colocaram o preço. Um dos concorrentes pensou além disso e escreveu na proposta que faria R$ 0,20 a menos por unidade que o menor preço (era uma concorrência privada, e essa estratégia era permitida). Foi uma grande frustração, porque perdemos muito tempo para elaborar a melhor proposta, e esse concorrente levou a melhor graças a uma simples sacada. Não pensei no imponderável e, logicamente, dificilmente alguém o faria diante de algo extremamente criativo e agressivo. Mas quem sabe, se eu tivesse mostrado a minha proposta para alguém mais experiente, teria recebido ajuda para ir mais além e evitado o fracasso. Em vendas, você tem que estar preparado para tudo. Muitas vezes, precisa buscar alternativas criativas, e essa venda me ensinou isso. Se a nossa empresa estivesse preparada, pensaríamos com antecedência em uma forma de contornar a situação caso um concorrente oferecesse um preço menor do que o nosso. Poderíamos preparar uma estrutura de custos para isso e nos cercar. Porém, estávamos tão certos de que ganharíamos que não nos preparamos o suficiente.

Muito tempo depois, já na Algar, tive a oportunidade de aplicar o aprendizado dessa frustrante experiência. Meu sonho na ocasião, em meados de 2005, era vender para a CPFL, empresa de distribuição de energia em Campinas. Eu passava em frente à sede da companhia diariamente e pensava: "Quero vender para eles, será um marco para mim". Um dia, essa oportunidade chegou: entramos em uma concorrência para vender serviços de telecomunicações para a CPFL. Era uma concorrência grande, tão relevante que viabilizaria a criação efetiva de uma regional na cidade (eu ainda atuava sozinho como vendedor, sem uma estrutura montada, o que ocorreu futuramente, e aí fui promovido a gerente). Concorríamos com empresas muito maiores que nós e trabalhei com afinco, em parceria com um engenheiro, para oferecer os melhores preço e proposta técnica. Contudo, lembrei da história da concorrência em Portugal e fiquei atento ao que poderia oferecer a mais para amarrar bem a minha oferta. Além de estabelecer o menor preço possível, tive a ideia de oferecer uma alternativa de pagamento. Toda empresa de telecomunicações paga um aluguel às companhias de energia elétrica para uso de seus postes na passagem de cabos de fibra óptica (há, inclusive, um preço tabelado por poste). Eu sabia que a Algar alugava postes da CPFL e, na proposta, dei a opção de os valores totais daquela venda serem revertidos em aluguel de postes. Ou seja, forneceríamos os serviços em troca de usar os postes. Ganhamos a concorrência e nem foi preciso usar essa alternativa. Mesmo assim, dessa vez, não dei chances para o imponderável.

Conheça seu potencial cliente por etapas

Como já disse, saber para quem você vende e quais são as características desse comprador são fatores essenciais. Contudo, até chegar ao cliente que efetivamente fechará negócio com você, há um longo caminho a ser percorrido. Antes de mais nada, é preciso identificar, de forma ampla e geral, o universo dessa potencial clientela para, posteriormente, encontrar e se aproximar das pessoas que realmente comprarão de você. Para isso, há questões básicas que todo(a) vendedor(a) precisa considerar: quem compraria o que você vende? Seu público são empresas ou pessoas físicas? No final das contas, quem toma a decisão de compra do seu produto ou serviço? Quais são as características e o perfil desse tomador de decisão? Por que ele precisa do seu produto ou serviço?

Conforme você identificar a sua clientela em potencial, afunile a descrição. Se são empresas, saiba para quais portes (pequenas, médias ou grandes) você pode se apresentar, os ramos de atuação que precisam do que você vende, etc. Entenda o mercado de atuação desses públicos, se estão em crise ou não, e o quão relevante o seu produto ou serviço é para cada um deles. Se são pessoa físicas, saiba detalhes desses possíveis compradores, como faixa etária, renda e hábitos de consumo.

Esse levantamento inicial é o que guiará o seu planejamento de vendas daí em diante. Por exemplo, no meu caso, como atuo no mercado de telecomunicações, sei que o serviço que ofereço é extremamente relevante para o setor bancário. Se uma instituição financeira não tiver acesso à internet nos dias de hoje, ela não funciona. Já para uma fábrica de sapatos, o acesso à rede pode ser relevante, mas não a ponto de parar a produção caso haja uma queda temporária na conexão. Ambos são meus clientes em potencial, mas a abordagem e os argumentos de venda para cada um deles são diferentes. Você precisa entender a relevância do que tem a oferecer para cada público-alvo, priorizar estratégias e planejar abordagens específicas.

Nem sempre é fácil chegar a esse potencial cliente final e, em alguns casos, quem tem a decisão de compra sequer é o comprador. Trago mais um exemplo: há alguns anos, uma empresa de aeronaves queria me contratar para vender serviços de manutenção de aviões. Não tive interesse, pois estava feliz com a minha colocação na época, mas mesmo assim explorei esse segmento extremamente personalizado para entender como ele funcionava. Fui informado pelo contratante que a meta era vender 30 serviços de manutenção por mês. Curioso, perguntei: "Quem compra a manutenção de aviões?". Eis que ele me respondeu: "O comprador é o dono da aeronave, mas quem influencia fortemente na compra é o piloto". Isso porque os proprietários de um avião geralmente são pessoas muito ocupadas, que não entendem sobre a manutenção dele. A pessoa que determina quem faz a manutenção, basicamente, é o piloto. Por conta dessa peculiaridade, o vendedor daquele serviço tinha que procurar os pilotos para fazer a oferta, e não os donos das aeronaves.

Naquele caso, a pessoa que queria me contratar já tinha feito um bom planejamento e tinha uma lista de pilotos para procurá-los se eles aceitassem a oferta de trabalho. É nesse momento, aliás, que o vendedor toma conhecimento da **taxa de conversão** que mencionei em páginas anteriores. Naquela ocasião, não perguntei ao contratante qual era a taxa de conversão porque não estava interessado na vaga. Porém, para deixar esse assunto mais claro a quem ainda tem dúvidas, se a meta dele era vender 30 serviços de manutenção por mês, com uma taxa de conversão hipotética de dois para um, eu precisaria reunir o nome de 60 pilotos em potencial para ter chances de batê-la.

Aproxime-se do potencial comprador

Uma vez que já tem a lista dos clientes em potencial a serem prospectados (como expliquei em páginas anteriores), o(a) vendedor(a) precisa descobrir com quem deve entrar em contato para agendar uma visita. Essa é uma etapa importantíssima no processo de planejamento; muitas vezes, determinante para o sucesso da venda. É preciso saber quem é o(a) tomador(a) de decisão e como ter acesso a ele(a) para fazer a abordagem comercial. Recomendo fortemente que, nesse momento, você se empenhe em conseguir o telefone direto dessa pessoa, de preferência o número do celular.

Se o cliente em potencial for uma empresa, pode ser que haja um setor específico de compras. Mesmo assim, sugiro procurar a pessoa responsável diretamente pela utilização daquilo que você tem para vender – na maioria dos casos, é esse profissional que influencia o comprador a tomar uma decisão. Procure diretamente o gestor responsável pela área específica que usa aquilo que você fornece. Um equívoco frequente é o(a) vendedor(a) procurar a pessoa errada e perder tempo abordando quem não decide pela compra. Logicamente, às vezes não é possível chegar até o decisor(a), mas, antes de ter a certeza de que não conseguirá, faça tudo o que estiver ao seu alcance.

É possível usar uma série de ferramentas para entrar em contato com essa pessoa e agendar a visita. Há métodos já estabelecidos, como a aquisição de *mailings* e a realização de pesquisas na internet (nos sites das empresas e em ferramentas de busca). Hoje em dia, com a tecnologia, existem muitas empresas que vendem cadastros de bancos de dados prontos ou softwares de inteligência artificial. Comprar *mailings*, por exemplo, às vezes pode valer a pena porque eles trazem dados da empresa que não estão disponíveis na internet, como porte e faturamento e, às vezes, você consegue chegar até quem, de fato, decide pela compra. Essas listas trazem informações que servem de subsídio, mas não devem ser usadas como ferramenta de envio de mala direta, pois isso não funciona para vendas personalizadas.

Porém, não se limite a comprar mailings nem fique em uma estratégia só. Pense fora da caixa. Atente-se à sua rede de contatos, conecte-se ao seu network, procure amigos em comum, peça indicações, ouse. Às vezes, você chega até um(a) tomador(a) de decisões de maneiras imprevisíveis e informais.

Use e abuse das redes sociais, como Facebook, Instagram, Twitter e LinkedIn, para pesquisar. Até 2019, pelo menos, esses têm sido canais valiosíssimos para identificar clientes em potencial e encontrar formas de contato. Em todos esses casos, é possível usar as buscas por palavras-chave da área de atuação ou do público-alvo desejado. Volto ao caso do dia em que um gerente comercial do LinkedIn me procurou para oferecer um produto da empresa, porque demonstra o quanto essas ferramentas tecnológicas são eficazes. Ele me achou pela própria rede social, pois provavelmente fez a busca por diretores de grandes companhias. Fator importante a ser destacado é que ele não era uma conexão minha, mas identificou que tínhamos um amigo em comum. De posse dessa informação, o gerente de contas aproveitou um encontro presencial informal que teve com o nosso amigo em comum, para lhe pedir o meu número de WhatsApp e, dessa forma, me procurou para marcar uma visita presencial. Observe que ele não fez isso pela rede social. Gosto muito desse caso porque demonstra a forma correta de o(a) vendedor(a) exponencial usar as redes sociais para identificar potenciais clientes: elas são apenas ferramentas de identificação, não meios para efetivamente tentar vender. Servem para você encontrar oportunidades ou tomadores de decisão, mas não para realmente fechar negócio.

Há outra história que, por outro lado, revela como não agir. Recebi, pelas redes sociais, o contato de um representante comercial de uma empresa de locação de veículos. Ele me mandou uma extensa mensagem padrão, apresentando-se, oferecendo seus serviços para a Algar Telecom e tentando marcar uma reunião comigo. Obviamente, não lhe respondi. Só li sua mensagem porque procurava um exemplo do que não fazer ao escrever este livro – caso contrário, jamais teria ficado sabendo da existência dele. Oras, reflita comigo: sou diretor de uma grande empresa, minha agenda de trabalho é cheia e não tenho tempo para ficar lendo mensagens de desconhecidos via e-mail ou redes sociais. Recebo mais de 200 e-mails por dia, que são desde conversas importantes de trabalho a ofertas de produtos e serviços. Quando vejo que o assunto não é relevante, deleto o e-mail imediatamente – se faço isso, provavelmente outros diretores(as) ou gerentes de empresas, que na maioria das vezes são os(as) compradores (as), também fazem o mesmo. Por mais que essas pessoas possam a vir se interessar pelas ofertas, na maioria esmagadora das vezes, as mensagens são apagadas sem sequer serem lidas. Afinal, essa é uma abordagem muito fraca, básica e nada exclusiva.

As redes sociais são importantes ferramentas de estímulo à busca por clientes. Elas ajudam na prospecção, mas não servem para a venda consultiva, de produtos e serviços personalizados, que é o foco deste livro. Nesse tipo de venda, em que é necessária a relação com outras pessoas, essas ferramentas dão subsídio, mas o que faz diferença mesmo é o vendedor. Entrar em contato pelo WhatsApp pode dar certo, porque o uso da ferramenta é cada dia mais constante. Mas, em geral, é preciso ligar para marcar uma visita. Apresente-se, diga a que veio e pergunte educadamente se a pessoa pode recebê-lo para conhecer o que você tem a lhe oferecer.

Voltando ao meu segundo exemplo neste tópico, qual seria a postura recomendada caso um vendedor de locação de veículos fosse exponencial? A primeira coisa seria fazer uma ampla pesquisa sobre a empresa em que eu trabalho. Logo, ele descobriria que se trata de uma grande companhia, que aluga muitos carros. De fato, somos um potencial cliente seu, mas, ao me enviar uma mensagem impessoal, esse profissional anulou na hora a possibilidade de fazer a venda, pois eu o ignorei e não lhe respondi. A postura correta dele seria descobrir o meu telefone e me ligar. Observei que temos 70 amigos em comum na rede social em que ele me abordou, o que significa que ele poderia entrar em contato com algum deles, de quem formais próximo, e conseguir o meu número. É isto que os bons os vendedores fazem: eles usam o ambiente on-line para pesquisar, mas assim que possível saem do virtual e partem para o contato pessoal. Uma postura proativa nesse sentido é fundamental. Caso esse profissional não conseguisse meu número de telefone, poderia ligar para a empresa onde trabalho e tentar falar com minha secretária, no intuito de marcar uma visita comigo. É muita ingenuidade da parte dele supor que uma grande companhia daria início a um negócio por meio de uma mensagem impessoal em uma rede social. A locação de uma frota de veículos para empresas é algo extremamente personalizado. É preciso ter o contato humano, alguém para explicar as condições da prestação de serviço e fazer um orçamento exclusivo, levando em conta as necessidades particulares do comprador. Ninguém entra na internet e, com um clique, aluga mil veículos. Sem contar que a mensagem desse vendedor foi extremamente padrão. Provavelmente, ele mandou o mesmo texto para todo mundo. Lançar mão de estratégias como essa é comum quando estamos indo atrás de vendas. Acreditamos que, ao disparar a mesma mensagem para vários potenciais clientes, estamos ganhando tempo. Todavia, com isso, desperdiçamos não só tempo, como oportunidades. Ganhamos as duas coisas se focarmos em nossos objetivos e nos direcionarmos, de forma correta, a cada nova abordagem.

Antes que eu gere mal-entendidos com o que acabo de escrever, quero salientar que as redes sociais podem ser, sim, boas ferramentas de venda, mas de produtos e serviços que não precisam de um vendedor. Eu mesmo já comprei uma jaqueta para o meu filho por meio de um canal desses – mas era um produto nada personalizado, pois bastava escolher a cor, o tamanho e efetuar a compra.

Às vezes, lançar mão do método clássico e bater diretamente à porta da empresa funciona. Quando entrei na Algar Telecom, em setembro de 2003, fazia pouco tempo que eu havia saído da Cabelte e o setor em que eu atuava, de cabos de fibra óptica para telecomunicações, ainda se encontrava em crise. Estava difícil me recolocar na área, quando recebi o telefonema de um ex-colega de trabalho com o convite para integrar o time de expansão da Algar, que havia acabado de receber autorização da Anatel (Agência Nacional de Telecomunicações) para operar em Campinas.

Eu não conhecia nada sobre a venda de serviços de telecomunicações – até então, apenas comercializava produtos para o setor –, mas meu colega me incentivou: "É venda, e disso você entende!". Aceitei participar da seleção e fui contratado com a condição de me mudar para a região de Campinas e ser responsável pelo início das operações na cidade.

Abro parênteses aqui para falar da importância de o(a) vendedor(a) ter o apoio da família para uma vida sem rotina. Na ocasião, minha esposa, Letícia (a mesma que tentei impressionar com aulas de tênis na faculdade), trabalhava como médica em São Paulo e tivemos que fazer todo um arranjo na nossa vida para a mudança. Com vendas, é assim: a depender da empresa, o profissional viaja muito e a compreensão dos familiares é fundamental para o êxito do trabalho.

Assim que nos mudamos, ouvi o seguinte comentário do meu então gerente, Alexandre Crescenzi: "Não temos nada em Campinas. Esse aqui é o seu escritório e esse, seu meio de comunicação" – e me entregou a chave do carro corporativo e um telefone celular (um "tijolar", na época). Recebi também um computador pessoal para levar para casa.

Comecei as operações em Campinas sozinho e do zero, em um segmento completamente novo para mim. Foi o período em que mais precisei empreender como vendedor em toda a minha vida. Eu tinha que vender serviços de telecomunicações de uma empresa desconhecida localmente, sem nenhum cliente potencial identificado, relacionamento ou rede de contatos estabelecidos. Apesar disso, precisava fazer a minha primeira venda o quanto antes para iniciar a operação na cidade.

Tanto eu quanto a empresa sabíamos da importância de conhecer muito bem o que estava vendendo, antes de me aventurar a procurar clientes. Por isso, a primeira coisa que fiz foi uma imersão de uma semana na sede da Algar, em Uberlândia (MG), onde conheci a fundo todos os produtos e o portfólio da companhia. É claro que o conhecimento técnico aumenta conforme o tempo, mas saber o máximo possível sobre a empresa antes de entrar nela de fato foi essencial.

Depois disso, na semana seguinte, quando cheguei a Campinas para trabalhar, pensei: "Quem eu conheço nesta cidade? Para quem vou oferecer o produto?". Passei a mão em todo o meu portfólio de contatos e lembrei de uma fábrica de fibra óptica com quem já havia interagido pela Cabelte. Procurei um conhecido dentro da empresa, que me deu uma dica: ele tinha ouvido dizer que uma fabricante de calculadoras na cidade, chamada Texas Instruments, precisava de serviços de telecomunicações. Eu não tinha nenhum contato nessa empresa e, então, resolvi bater à porta deles. Apresentei-me para o segurança na portaria e não só consegui descobrir quem era o responsável pela área de Tecnologia da Informação (TI), como essa pessoa aceitou me receber mesmo sem ter agendado a visita. Eles precisavam justamente de um link[14] para interligar a comunicação de Campinas com as filiais no Rio de Janeiro e em São Paulo.

Por mais que tenha sido tudo feito às pressas, eu havia me preparado para aquela venda. Conhecia bem o meu produto e também pesquisei o que pude sobre a Texas Instruments antes de procurá-los (eu já sabia de antemão, por exemplo, que eles tinham unidades em São Paulo e no Rio). Chegando lá, expliquei ao cliente o que eu tinha a oferecer, transmiti-lhe segurança e, naquele instante, mesmo sem conhecer a Algar, ele me passou para o comprador, que quis conversar sobre preço. Eu sequer tinha um projeto, então pedi a ele alguns dias – por isso,

---

[14] Funciona como uma espécie de túnel próprio para o tráfego de dados. Disponível em
https://algartelecom.com.br/operadoras/pt/produtos/internet-link. Acessado em 8 de março de 2019.

insisto que a venda personalizada dificilmente é feita na primeira visita. Voltei um tempo depois com a proposta, e o comprador pediu um desconto. Eu ainda não tinha autonomia para baixar o preço sozinho, pois era novo na companhia. Imediatamente, liguei para o meu chefe. A adrenalina estava à flor da pele. O Crescenzi ficou surpreso que eu estava prestes a vender para uma grande empresa:

- Você vai vender para a Texas Instruments? – perguntou, animado.
- Vou. Me dá o preço que eu vendo! – argumentei.
- Esse valor não tem condição...
- Estou na frente do comprador, me dá o preço agora que vou vender.
- Tá bom, vai! – disse ele, dando o braço a torcer, mas ainda descrente de que daria certo.

Desliguei o telefone, dei o desconto e o comprador fechou. Com essa venda, foi inaugurada com chave de ouro a operação da Algar Telecom em Campinas, cerca de 15 dias após minha contratação. Foi um case de sucesso e recebi o convite para contar os bastidores e detalhes dele na convenção de vendedores da Algar. Foi uma venda expressiva que poderia servir de chamariz para outras – o que de fato aconteceu.

Resolvi ir pessoalmente porque tinha a informação privilegiada do meu amigo. Eu sabia que, se ligasse, seria transferido de ramal em ramal e poderia ouvir uma negativa, pois é muito mais fácil dizer "não" por telefone. Presencialmente, porém, transmiti confiança e segurança, abrindo caminho para a venda.

A importância do networking

Espero que tenha ficado claro até aqui o quanto uma rede de relacionamento nos ajuda a chegar a possíveis clientes e ampliar as vendas. Na minha história como vendedor, são inúmeras as ocasiões em que vendi graças aos meus contatos. Todos passamos por dificuldades nessa área. Quando eu queria muito vender para determinada empresa e não conseguia de jeito nenhum chegar a alguém lá dentro, lembrava que "sempre há alguém que conhece alguém que trabalha onde eu quero vender". Saía perguntando às pessoas e, quando encontrava um contato em comum, pedia ajuda. Na maioria das vezes, os colegas nos dão uma força.

Certa vez, eu queria vender para uma grande empresa de consultoria financeira e conversava informalmente, no corredor, com o pessoal da minha equipe sobre a dificuldade de chegar a um tomador de decisão dentro da organização. Nesse momento, uma estagiária passou do nosso lado e, como eu falava alto, escutou um trecho da conversa. Eis que a jovem veio falar comigo, dizendo que poderia ajudar, pois o pai dela era um dos sócios da companhia em questão. E assim não só fui apresentado ao pai dela, como a levei para participar da reunião com ele. Eu jamais poderia imaginar que, dentro da minha própria equipe, havia alguém tão próximo da pessoa com quem eu precisava falar.

Recentemente, estava em um aniversário no salão de festas do meu condomínio. O aniversariante era um dos moradores, que completava 40 anos. Entre os convidados, estavam os vizinhos, familiares e algumas pessoas do trabalho dele. Como sou comunicativo, puxei assunto com um homem que estava ao meu lado. Conversa vai, conversa vem, comentei que trabalho na Algar Telecom e, em pouco tempo, ele estava me perguntando se oferecíamos um serviço para a empresa dele. Deixei o meu cartão e, mesmo não sendo mais vendedor, passei o contato dele para que um dos nossos vendedores o procurasse. Semanas depois, o homem me ligou dizendo que foi bem-atendido, havia contratado o serviço e estava satisfeito. Nessa conversa via telefone, soube que ele tinha o contato de pessoas de uma terceira empresa na região da qual eu buscava me aproximar. Rapidamente, esse cliente me indicou e eu abri caminhos para mais uma venda.

Até o restaurante de estrada onde eu tomava café da manhã quando era vendedor no interior de São Paulo já foi palco para eu fechar negócio. Frequentava diariamente o estabelecimento para tomar meu cafezinho antes de trabalhar. Numa dessas manhãs, encontrei-me com um executivo da área de educação, a quem eu já tinha procurado no passado para oferecer serviços, mas não havíamos fechado negócio. Ele também tinha o hábito de tomar café da manhã naquele restaurante, onde eventualmente nos encontrávamos e conversávamos sobre amenidades. Um dia, ele me disse que precisava falar comigo, pois a fornecedora de banda larga que eles haviam contratado não estava entregando o serviço no prazo combinado. A rede de educação estava em forte expansão, e eles precisavam de um fornecedor que não falhasse. Fui apresentado ao presidente da empresa, que na época era a Anhanguera Educacional (hoje Kroton), e fechamos contrato com eles. Recordo, inclusive, que foi uma venda arriscada, porque a demanda era muito grande e precisamos nos planejar bem para conseguir atendê-los. Deu certo. Atendemos a todas as novas unidades dentro do prazo, éramos chamados diretamente a cada escola inaugurada e crescemos com eles. Tudo graças a um cafezinho na beira da estrada.

"Vender é a arte de se relacionar"

Há uma máxima que, apesar de clichê, jamais pode ser ignorada: "Vender é a arte de se relacionar". Qualquer pessoa que se proponha a ser vendedor(a) precisa gostar de gente e de relacionamentos. Se você é vendedor(a) profissional, necessariamente terá que desenvolver essa habilidade. Do contrário, perderá oportunidades de negócio. Além disso, seja proativo: não importa se vende apenas para empresas. Independentemente disso, a venda sempre acontece de ser humano para ser humano, por mais que o comprador represente uma organização. Questões básicas de relacionamento importam na hora de fechar um negócio. Falo mais sobre isso na segunda parte deste livro, quando abordo a etapa de execução.

Portanto, na hora de encontrar onde está o seu cliente, não hesite em acionar a sua rede de contatos, pedir ajuda e indicações. Reforço: sempre existe alguém que conhece alguém que conhece o cliente que você quer prospectar. Busque esses atalhos, encurte caminhos. Um(a) vendedor(a) de destaque tem que usar esse recurso a todo momento. Imagine o quão paralisante é ficar olhando para uma lista de empresas a abordar, ligando no ramal geral sem conseguir falar com ninguém! Se você não tem o telefone do(a) tomador(a) de decisão na mão, mexa-se, sonde a sua rede. Caso não se lembre de ninguém, use as redes sociais para encontrar conexões em comum. O acesso a quem procuramos pode vir de quem menos imaginamos.

Além disso, fique atento ao seu dia a dia e não deixe passar oportunidades de negócio – elas podem surgir da festa de aniversário do seu vizinho de condomínio. Estamos a todo momento nos relacionando com pessoas que podem precisar do que temos a oferecer. Não desperdice oportunidades. Fotografei a seguinte frase na porta de uma sala do Centro de Vendas na Universidade de Ohio, onde fiz meu MBA: "Nothing happens until somebody sells something" ("Nada acontece até alguém vender alguma coisa", em tradução livre), de Ralph Schey[15]. Estamos o tempo todo vendendo ou comprando algo, e o vendedor exponencial tem consciência disso.

"Ver com a mão"

Por mais que networking, sites de busca, redes sociais, bancos de dados e softwares de inteligência artificial sejam ferramentas valiosíssimas para nos ajudar a prospectar clientes, em algumas situações é importante recorrer à boa e velha pesquisa de campo. Aprendi com o Weber Pimenta, ex-presidente da Algar Telecom, a expressão "ver com a mão", que resume muito bem esse processo. Como é que se "vê com a mão"?

Em 2010, recebi o convite da Algar para ser diretor regional de vendas do Estado de São Paulo. Assumi o posto com a missão de aprovar a expansão da companhia para cinco novas cidades paulistas em uma semana. Na ocasião, eu já tinha passado por muitos aprendizados dentro da empresa sobre como fazer um plano de negócios (*business plan*) e obter a aprovação de

---

[15] Ralph Schey foi CEO e presidente da Scott Fetzer e acompanhou e financiou a educação em vendas na Universidade de Ohio, EUA. O Centro de Vendas foi fundado em 1997 e, em 2006, pela generosidade da família Schey, foi nomeado Centro de Vendas Ralph e Luci Schey. Fonte: https://business.ohio.edu/about/centers-institutes/the-schey-sales-centre/about-us/. Acessado em 8 de abril de 2019.

um investimento. Para isso, mais uma vez, é preciso estudar muito (assim como para qualquer venda, sendo que, nesse caso, você está vendendo um projeto para a sua própria empresa). Nos anos anteriores, já na Algar, eu havia aprendido a fazer um plano de negócios com um profissional de ponta, por quem fui capacitado. Sendo assim, quando precisei preparar a expansão para cinco cidades do interior de São Paulo, eu já sabia o caminho das pedras: estudei e me preparei com dados socioeconômicos e pesquisas sobre as regiões, identifiquei potenciais de mercado, fiz projeções de crescimento das cidades e o quanto ingressar nelas traria de retorno à empresa. Porém, não acreditei apenas nos dados estatísticos: também fui "ver com a mão". Pegamos uma van e rodamos cada um dos municípios para conhecer pessoalmente o mercado local, saber quantas empresas existiam e onde cada uma delas estava de fato.

Mas o que uma ação como essa nos mostra que não está nas planilhas? Muitas vezes, os dados estão desatualizados. Visitar os locais aponta oportunidades de negócio efetivamente reais. Naquela ocasião, cruzamos o que colhemos na rua com os dados estatísticos e montamos um plano de negócios extremamente preciso e certeiro. Mais recentemente, em 2018, já no cargo de diretor de expansão de negócios da Algar, fui designado a desenhar um novo plano de expansão para outras regiões brasileiras. Fizemos todo o planejamento com base em dados demográficos, usando o portfólio teórico que existe. Todavia, antes de efetivamente investirmos, fui mais uma vez ver todas as localidades presencialmente, "com a mão". Havia regiões em que os dados estatísticos não apontavam concentração de empresas e, na visita, identificamos que elas estavam lá. Em outros bairros onde as planilhas indicavam investimento, encontramos várias companhias fechadas. Os dados estatísticos não são on-line nem atualizados em tempo real (pelo menos, ainda não eram quando escrevi este livro). "Ver com a mão", portanto, corrige essas distorções teóricas.

É preciso, ainda, ser empreendedor na hora de fazer uma venda. Ir pessoalmente a uma região onde você acredita que o seu público-alvo está e explorá-la bem faz parte disso. Vá até o local, converse com potenciais clientes, descubras suas peculiaridades e necessidades. Muitas vezes, fazer um estudo apenas por meio do computador não é o suficiente, principalmente se você está se baseando em dados estatísticos ou mailings prontos. Se essa for a sua realidade, visite pessoalmente a região antes de programar as visitas, para não se surpreender negativamente depois.

Também é importante verificar se os clientes em potencial que você está listando para prospectar já são fidelizados pelo concorrente. Naquela oferta de emprego que recebi para vender serviços de manutenção de aeronaves, por exemplo, antes de visitar potenciais pilotos seria importante descobrir se cada um já possui um serviço de manutenção com o qual estivesse satisfeito. Se sim, não valeria a pena a visita, pois muito provavelmente seria uma grande perda de tempo. Essa checagem, portanto, pode e deve ser feita via telefone, antes da visita se concretizar.

É importante compreender, contudo, que na etapa de saber onde o cliente está, não estou falando de fazer marketing digital ou prospectar possíveis clientes para que eles cheguem até você. Hoje em dia, essa estratégia é muito comum, inclusive por meio de mídias digitais, porém, não se trata do trabalho do dia a dia do vendedor, do representante comercial em si. A força de vendas, em geral, atua de forma proativa na busca, no contato e na abordagem de possíveis clientes para fazer a oferta de um produto ou serviço e fechar negócio. Esse é o trabalho do(a) vendedor(a).

Agende visitas com eficiência

O potencial cliente aceitou receber você? Parabéns! O primeiro passo rumo a concretizar o seu sonho acabou de ser dado. Contudo, novamente é preciso planejar cada movimentação daqui em diante. Você já pensou o quão cansativo pode ser visitar clientes distantes uns dos outros no mesmo dia? O(a) vendedor(a) precisa de energia, estar bem emocionalmente na hora da venda e organizar a sua agenda de trabalho. Nunca agende as visitas de forma aleatória.

A realidade de como realizar essa tarefa logística é uma para cada vendedor. Fatores geográficos influenciam muito. Seus potenciais clientes podem estar distribuídos tanto no país inteiro, como apenas no seu bairro. Por isso, é preciso analisar o mercado potencial e traçar a melhor estratégia. Não é uma equação tão simples de ser feita. Um bom planejamento, portanto, é importantíssimo, pois há um prazo a ser cumprido e um número mínimo de prospecções a ser feito dentro dele para conseguir bater a meta. Tudo isso deve ser sempre muito bem avaliado e organizado.

Suponhamos que você tenha clientes espalhados pelo Brasil. Obviamente, não pegará um avião em um dia para Uberlândia, no outro para Manaus e, no terceiro, para Goiânia. Isso vale para todo mundo, salvas as devidas proporções. Se no seu caso o mercado em potencial está em determinada cidade, é inteligente trabalhar bairro por bairro, distrito por distrito. Pense em uma região por vez. Não saia atirando para todos os lados e marcando visitas na cidade inteira ao mesmo tempo, porque isso vai fazer com que você perca tempo – ainda mais se estiver em uma capital movimentada, com trânsito intenso e congestionamentos.

Em alguns casos, quem faz esse trabalho de organizar as visitas é o(a) próprio(a) vendedor(a), principalmente se ele(a) trabalha para uma pequena empresa ou está sozinho(a) em uma nova unidade, como foi o meu caso por alguns anos na Algar em Campinas. Em outros, o profissional de vendas terá uma pessoa para ajuda-lo, como um(a) secretário(a). Seja qual for o seu caso, será preciso organizar-se bem para cumprir as visitas dentro do prazo estabelecido pela meta em questão.

Quando eu ainda trabalhava na Cabelte e fui promovido a vendedor, contava com a ajuda de uma boa equipe, que me dava suporte nas propostas comerciais e colaborava muito na logística das minhas visitas. Às vezes, eu saía e ficava um mês viajando de cliente em cliente. A profissional que me auxiliava fazia os telefonemas e montava toda a minha agenda. Eu me deslocava do Rio para São Paulo, de São Paulo para Brasília, de Brasília para o Recife, e assim por diante. Essa rotina exigia um planejamento adequado para que eu tivesse tempo de visitar cada cliente. Houve uma fase em que eu precisava trazer consumidores novos para a carteira da empresa, então fiz uma verdadeira peregrinação por todo o Brasil. Para isso, apliquei tudo o que venho escrevendo até aqui: eu não escolhia as regiões de destino a esmo, mas por meio de pesquisas de potenciais compradores. Como eu trabalhava com cabos de fibra óptica, meu foco eram companhias de telefonia, distribuição de energia elétrica, empreiteiras (elas compravam cabos porque fechavam contratos em que já forneciam esse produto nos empreendimentos).

Já na Algar, na época em que fui gerente regional no Rio de Janeiro, uma importante decisão logística que tomei melhorou muito a nossa performance. Quem conhece o Rio sabe que as condições de deslocamento da região central até a Barra da Tijuca são desfavoráveis. Nossa sede ficava no Centro, e os vendedores demoravam mais de uma hora até chegar à Barra, onde, por ironia, estavam os nossos maiores clientes. Essa dificuldade atrapalhava as vendas, então decidi montar um escritório na Barra e contratei vendedores que moravam naquela região para ficarem por lá mesmo – eles compareciam no escritório principal apenas uma vez por semana para reuniões. No demais dias, em vez gastar tempo no trânsito, iam vender. Com isso, ampliamos as vendas. No final das contas, o aumento no desempenho da empresa compensava o custo a mais com o escritório na zona oeste da cidade.

Prepare-se para a primeira visita

Conseguir marcar a primeira visita é um bom sinal, porque significa que o potencial cliente deu a chance que você precisava e está disposto a ouvi-lo. Como já ressaltei, uma boa venda pode exigir inúmeras visitas, e é preciso saber bem o objetivo de cada uma delas. Como nessa etapa do planejamento ainda estamos falando do primeiro encontro pessoal, vá com seu discurso preparado, considerando as especificidades e particularidades de cada cliente.

Você também pode marcar mais uma visita a um cliente antigo para apresentar um novo produto ou serviço. Nesse caso, o planejamento é ainda mais fácil e personalizável, porque você já conhece as particularidades dele e não será preciso apresentar-se novamente. Em outro exemplo, você pode visitar alguém que já fez uma compra só para saber se está tudo em ordem com o pedido (falo sobre isso na parte do pós-venda) – mesmo assim, sua intenção é atendê-lo bem para que ele volte a comprar com você no futuro.

Portanto, não se esqueça: antes da primeira visita, pesquise a fundo sobre a empresa, o seu mercado e prepare a apresentação e a abordagem a serem feitas. O(a) vendedor(a) exponencial já chega à primeira reunião preparado(a) e com uma ideia inicial do que poderá oferecer ao cliente, mas é na conversa que descobre as reais necessidades dele, tema que abordo com profundidade na parte da execução. Quando um(a) vendedor(a) se planeja bem e vai para a visita realmente acreditando no que vende, inspirado pelo seu *moonshot*, sua chance de sucesso aumenta.

Crie necessidades e oportunidades

Uma coisa é fato: às vezes, o cliente não sabe do que precisa e quem diz isso a ele é o(a) vendedor(a). Um(a) bom(boa) profissional de vendas, conhecendo o negócio de quem vai visitar, cria a necessidade e a revela na visita. Na maioria das vezes, isso é algo a ser pensado ainda na fase do planejamento, antes da reunião, porque, se você deixar para ter uma ideia genial quando estiver visitando o cliente, ela pode não aparecer. É uma grande vantagem pensar antes porque antecipa cenários e surpreende o comprador.

A proposta é pensar em tudo o que o potencial cliente pode estar precisando antes mesmo de visitá-lo. Tudo o que você conseguir pensar de antemão é útil e evita a perda de tempo na negociação: tanto o seu como o da outra pessoa.

Por volta do ano 2000, eu ainda trabalhava na Cabelte e tinha sido promovido a gerente comercial. O mercado de cabos de fibra óptica ainda estava aquecido – antes das consequências da crise das "pontocom" –, e eu percebi que, além de vender o cabo, a nossa empresa poderia comercializar serviços agregados. Analisei que clientes usavam os cabos em canteiros de obras fora das cidades e tive a percepção de que uma forma de apresentarmos um diferencial na venda era oferecer a entrega do cabo diretamente na obra. Até então, a gente entregava os produtos nos almoxarifados, e os compradores faziam a distribuição nas obras deles. Com essa solução de agregar o serviço da entrega, às vezes eu não conseguia chegar ao preço do cabo do concorrente, mas criava um diferencial (a entrega na obra) vantajoso e poderia até cobrar mais caro porque, pelas contas do comprador, valia a pena. Falei com o diretor geral da empresa, que se chamava Afonso Rodrigues, e consegui convencê-lo a comprar caminhões para fazer o serviço. Deu muito certo, e passamos a fazer entregas em locais bem distantes, facilitando a vida do cliente e oferecendo uma solução que ele nem sabia que precisava. Criei uma necessidade que não existia no mercado na época. Hoje isso é comum, mas ninguém entregava diretamente na obra naquele momento. Com isso, criamos uma vantagem competitiva difícil de ser comparada. Um tempo depois, eu ainda tive uma segunda sacada: vender o serviço já com a instalação do cabo, mais uma necessidade que as empresas ainda não sabiam que tinham. Com essas e outras estratégias, vendemos tanto que, em determinado momento, chegamos a esgotar toda a capacidade da fábrica instalada no Brasil, a ponto de precisarmos novamente exportar de Portugal para cobrir o que vendíamos.

Criar oportunidades exige do(a) vendedor(a) uma veia empreendedora, porque esse tipo de venda personalizada é frequentemente denominado no mercado de consultiva, justamente porque você dá uma consultoria para o seu cliente. É preciso desvendar até o que ele não sabe que quer. Pense sempre no que você pode fazer de diferente para vender mais.

Esse tipo de olhar empreendedor pode acontecer em uma primeira visita a um novo cliente, mas entendo que seja raro. É mais fácil criar necessidades quando o vendedor já conhece muito bem a dinâmica e o funcionamento do seu mercado. Eu mesmo só pude oferecer a entrega dos cabos nas obras, quando trabalhava na Cabelte, porque já havia visitado inúmeros clientes e identifiquei a movimentação a ponto de criar uma solução. Mesmo assim, há situações em que é possível propor algo novo desde o primeiro contato. Vamos supor que você esteja acostumado a vender para a indústria farmacêutica e conheça bem as dores e os problemas desse mercado. Na hora de visitar uma empresa nova, pode tentar surpreender o comprador e prever uma necessidade que ele nem sabe que tem, com base no histórico dos concorrentes dele. Você pode, inclusive, dizer que identificou tal necessidade por causa da sua experiência no ramo.

Imagine agora que você marcou uma visita com um cliente antigo e vai encontrá-lo para fazer uma venda adicional, buscando atingir sua meta. Você concorda que terá uma vantagem sobre esse tipo de comprador? Pois já conhece seu interlocutor, mantém um relacionamento com ele e muitas vezes sabe detalhes da empresa, como sua forma de funcionamento e os setores mais críticos. Esse conhecimento prévio pode ajudá-lo a identificar uma necessidade nova para o cliente.

Dou um exemplo hipotético levando em conta o meu ramo de atuação, que oferece serviços de telecomunicações. Suponhamos que eu tenha um cliente para quem já vendi um produto básico, como um link de internet que melhorou a performance de uma fábrica. Tempos depois, fico sabendo que a empresa comprou uma nova máquina, que ampliou de forma elevada o nível de produção. Com isso, posso marcar uma segunda visita, para oferecer outro serviço do meu portfólio – no caso, um produto que transmite em tempo real informações de um setor para o outro, para melhorar o gerenciamento do desempenho e ganhar eficiência. Com isso, crio uma necessidade que a fábrica nem sabia que tinha. Nessa etapa de planejamento, pensar nessas possibilidades antes de fazer uma visita é fundamental. Reflita: o que você pode oferecer a mais para o cliente melhorar ainda mais o negócio ou a vida dele?

Antecipar cenários também é algo que depende da complexidade do setor para o qual você venderá. Imagine o seguinte: o mercado da empresa para a qual você quer vender está em crise. Uma ideia é você já pensar em um diferencial a oferecer, para que ela possa superar o momento difícil. Pode ser algo como provar que o seu produto é mais barato e, com a economia, a empresa reduzirá custos, ou que ele trará mais agilidade para a produção, colocando-a à frente das concorrentes. A solução vai depender do que você tem a oferecer: o mais importante é o argumento a ser usado para provar como você poderá ajudar o cliente a vencer esse momento difícil do mercado.

Em 2004, por exemplo, estudei sobre o mercado de jornais para vender para uma publicação de Campinas. Eu sabia que o setor estava em crise quando ofereci a eles uma permuta de um mês: nossos serviços de internet em troca de anúncios no veículo. Como antecipei essa informação? Eu tinha um histórico do segmento por experiência acumulada dentro do próprio grupo Algar, que tinha um jornal em Uberlândia. Sabia que o cenário estava difícil e que o periódico perdia público para mídias eletrônicas. Graças a esse conhecimento prévio, pude antecipar uma necessidade e oferecer uma proposta que era boa para os dois lados: a Algar era nova na cidade e precisava divulgar seus serviços na região e, paralelamente, o jornal precisava de uma conexão de qualidade. Propus a permuta por um ano e, caso eles estivessem satisfeitos com os nossos serviços, passariam a pagar pelo plano. Dito e feito: passado um ano, a permuta acabou e eles renovaram com a gente.

Mas não foi apenas esse argumento que usei. Eu estava completamente preparado. Argumentei que o jornal ganharia agilidade na produção se hospedasse todo o seu conteúdo em um datacenter, para armazenamento de dados. Com isso, qualquer jornalista teria acesso on-line, remoto e simultâneo aos arquivos e programas usados para produzir o jornal. Talvez o periódico jamais tivesse imaginado essa possibilidade caso eu não a tivesse oferecido. Isso é criar uma demanda para algo do qual o cliente sequer sabe que precisa.

Reforço: criar necessidades e oportunidades não é tão simples. Exige muito estudo e conhecer em profundidade cada potencial cliente. A estratégia torna-se mais eficaz quanto mais o(a) profissional de vendas estiver preparado(a) do ponto de vista do conhecimento e da experiência. Um(a) vendedor(a) novo(a) ou inexperiente sai um pouco prejudicado(a) nessa etapa, porque não tem tanta bagagem sobre o mercado, mas isso não significa que ele(a) não possa pensar nisso e tentar antecipar ao máximo as necessidades do cliente antes da primeira visita.

O vendedor exponencial reconhece suas limitações e procura formas de saná-las. Caso você não tenha muito conhecimento sobre o seu mercado de atuação, uma alternativa é procurar colegas ou pares experientes e que estejam dispostos a compartilhar o que sabem. O importante é explorar caminhos possíveis e nunca deixar de aprender. Além disso, buscar experiências com pessoas que já passaram por determinada situação é sempre válido, tanto para o vendedor novo como para o experiente.

Caminho das vendas não é em linha reta

Não posso encerrar esta parte do planejamento sem fazer uma importante observação: pode ser que você faça toda a sua pesquisa, mas não identifique a quantidade suficiente de público-alvo para prospectar, ou seja, não encontre o número necessário de nomes com o perfil que precisa dentro da sua área de atuação para atingir a sua meta. Se isso acontecer, o que fazer?

É importante ter em mente que eventuais distorções podem existir no meio do caminho até a venda que, sinto dizer, quase sempre não é em linha reta. Na maioria das vezes, a trilha até efetivamente fechar um negócio tem várias bifurcações. O vendedor tem que estar preparado, pois pode entrar em uma rota errada e precisar voltar alguns passos para achar a certa. É preciso salientar que, durante o planejamento, devem ser consideradas várias hipóteses, vários alvos para atirar suas flechas. Você tem que ter opções de empresas, segmentos, mercados e clientes. Se pensar em apenas um caminho e ele não funcionar, você não fará a venda e, consequentemente, não chegará aonde deseja.

Se perceber que não possui mercado para bater a meta, busque soluções para reverter esse cenário. Digo isso porque é quase inconcebível para qualquer vendedor(a) chegar para o chefe e falar: "Olha, eu não tenho mercado para fazer essa meta que você me deu. Você poderia revisar o valor para mim?".

Como já expliquei, a meta é devidamente calculada levando em consideração ambições comerciais da empresa. Além disso, como já abordei, o que deve ser levado em conta por trás desse número não é uma simples meta de vendas, mas, sim, um importante sonho pessoal a ser conquistado, um *moonshot*, e vender o valor calculado é necessário para alcançar o objetivo da sua vida – você não pode desistir dele, pois isso está fora de questão.

Em vez disso, revise estratégias e repactue acordos com a empresa. Há estratégias que podem ser tomadas para contornar os obstáculos que surgirem no meio do caminho até as vendas. Sente-se com a sua chefia e, juntos, dissequem os objetivos, pensem em soluções. Traga argumentos, de forma positiva, para dizer que deseja muito atingir a meta, mas precisa de condições favoráveis para isso. É possível, por exemplo, pleitear mais áreas de atuação (expandir localidades para aumentar a clientela), propor entrar em um novo segmento de negócio, pedir para aumentar o seu portfólio de produtos, solicitar autorização para trabalhar com descontos ou para fazer algo para o qual ainda não tem permissão, mas que poderia trazer resultados e melhorar a taxa de conversão. Esses

131

são apenas alguns exemplos de como o planejamento é importante. O(a) vendedor(a) que não se planeja não consegue argumentar dessa forma. Ele(a) até pode se esforçar para bater a meta mesmo sem ter mercado, mas cedo ou tarde se frustrará por não ter conseguido, correndo o risco inclusive de perder o emprego.

Minha experiência mostra que, salvo raras exceções, quase sempre há um jeito de contornar a falta de mercado para trabalhar. Quando eu recebia metas difíceis, mas coerentes, tinha uma postura de, em vez de falar que não dava para fazer, pedir algo a mais da chefia para atingir o valor. Quando você pede ajuda, normalmente consegue, porque é de interesse de todos na empresa que você bata o valor estipulado. O importante é ter em mente: meta é meta e, uma vez estabelecida, não se volta atrás.

Uma vez recebi uma meta que parecia infactível. Meu diretor disse que precisava que eu triplicasse o valor das minhas vendas e marcou uma reunião sobre o assunto para dali a dois dias. Eu seguia fortemente o meu "mantra pessoal" de não lutar contra a meta, porque sabia que aquilo atenderia aos meus sonhos e propósitos. Pensei muito naquelas 48 horas. No dia da reunião, aleguei que a nova meta era extremamente desafiadora e fiz um pedido: "Para que eu possa executá-la, eu pediria que você aumentasse o nosso portfólio de produtos. Com os itens atuais, eu não consigo atingir o resultado esperado, mas se a gente aumentar eu sou capaz", Na época, eu só tinha link de internet para vender, mas argumentei que, se a empresa investisse na oferta de telefonia e outros produtos de dados, seria possível triplicar o valor das vendas, conforme meu chefe havia me pedido. Como eu era um vendedor que pesquisava o mercado, sabia que toda a concorrência oferecia aqueles produtos, menos nós. Ele aceitou a minha sugestão, pois a empresa precisava crescer. Rapidamente, eles colocaram novos produtos no portfólio e, com mais opções para oferecer aos clientes, bati a meta solicitada em poucos meses.

Em outra ocasião, eu já era gerente e notei que precisava aumentar a eficiência da minha força de vendas. Descobrimos por meio de benchmarking[16] que os nossos vendedores tinham uma eficiência 50% inferior à da concorrência – ou seja, se cada vendedor nosso comercializava R$ 10 mil por mês, os concorrentes chegavam a R$ 15 mil para a mesma linha de produtos. Eu não queria ser inferior e atribuí metas de R$ 15 mil, mas um grupo de vendedores veio me questionar. Eles alegaram que o aumento era de 50% e não dava para atingir isso, pois não havia mercado. Pedi

---

[16] Em tradução livre, significa "ponto de referência". Trata-se um minucioso processo de pesquisa que permite aos gestores compararem produtos, práticas empresariais, serviços ou metodologias usados pelos rivais, absorvendo algumas características para alcançarem um nível de superioridade gerencial ou operacional. Fonte da definição: https://endeavor.org.br/estrategia-e-gestao/benchmarking/. Acessado em 12 de março de 2019.

que esquecessem o "chororô", que não tinha conversa, pois, os concorrentes já o faziam. Argumentei que, se lá fora os demais conseguiam isso, eles também poderiam, pois eram melhores que eles, afinal, caso não fossem, não estariam ali. Toda a equipe foi estimulada a pensar em maneiras e alternativas para aumentarmos em 50% as vendas. Eles foram atrás e então vieram com alguns pedidos. Lembro que uma das solicitações era aumentar o pessoal para ajudar a agendar as visitas. Aos poucos, as soluções apareceram e conseguimos bater a nossa nova meta.

Não pule o planejamento

Pode ser que você, caro(a) vendedor(a), ao ler todos os tópicos de que tratei nesta etapa do planejamento, tenha pensado algo como: "Que perda de tempo, para que fazer todo esse trabalho? É melhor sair vendendo logo de cara, que ganho mais tempo!". Acredite, por mais que seja extremamente tentador "pular" a fase do planejamento e já avançar para a da execução, perda de tempo é ir para a venda despreparado.

Lembre-se: o período de preparo é essencial e indispensável para que você execute as vendas da melhor forma, no menor tempo e na melhor relação possíveis. Observe que é preciso muito empenho para isso. Engana-se quem pensa que a venda começa na visita: ela tem início muito antes. Se você parte direto para a execução, contata o cliente e faz uma proposta sem planejar antes, diminui muito suas chances de êxito. Nesse cenário, você pode não fazer a venda bem-feita, vender o que cliente não quer e, com isso, não atingir o seu objetivo.

Também pode ser que você avalie que todo(a) vendedor(a) já faz o possível para bater e ultrapassar metas a fim de atingir seus sonhos pessoais, mas que, no dia a dia, nada é tão simples assim. Eu concordo e entendo que realmente o processo não é fácil e exige bastante resiliência. Não estou prometendo aqui uma fórmula mágica de sucesso. Contudo, o que posso garantir é que, caso você ignore o planejamento, suas chances de vender exponencialmente serão bem menores, a não ser que você tenha sorte. Contudo, contar com a sorte é arriscado demais para quem vive de comissão. Melhor se apoiar na técnica e no preparo.

O mesmo raciocínio vale para tudo na vida. Por exemplo, muitas pessoas recomendam a fumantes que larguem o vício, uma vez que ele faz mal aos pulmões e a todo o organismo. Nessas horas, é comum escutarmos argumentos como: "Meu pai fumou até os 90 anos e nunca teve problema nos pulmões". É verdade, isso pode acontecer, mas o risco de algum problema de saúde acometer a quem fuma é muito maior. Não podemos tratar os casos pelas exceções.

Em vendas, é a mesma coisa: é claro que pode existir um vendedor suprassumo que não se planeja e sai por aí vendendo apenas com uma boa lábia. Mas isso é raro. E, por mais que você seja essa pessoa sortuda, com certeza o preparo possibilitará que seus resultados sejam ainda mais efetivos. É como diz uma famosa citação atribuída ao jogador de golfe americano Tiger Woods: "Quanto mais eu treino, mais sorte eu tenho"[17]. Quanto mais eu me dediquei à carreira de vendas e estudei sobre ela, melhor fui ficando e mais vendi. Saber aonde eu queria chegar, ter um *moonshot*, foi fator primordial para isso.

O vendedor(a) que não estiver disposto(a) a fazer tudo isso, automaticamente, entra em um ciclo negativo sem fim: não se prepara e está sempre achando que a meta é alta demais. O resultado são vendas medianas, pouca experiência de êxito e sonhos não realizados. Frustrado(a) e desmotivado(a), esse(a) profissional vende menos ainda. Planejar inverte essa lógica. Faz o(a) vendedor(a) encontrar sua motivação interna, crescer cada vez mais como profissional, fortalecer sua rede de contatos, aprender e ganhar novas experiências. Com isso, sua chance de sucesso é bem maior. Essa pessoa também tem muito mais repertório para as oportunidades seguintes, o que gera melhores resultados e, consequentemente, promoverá um

---

[17] A frase em inglês é "The harder I practice, the luckier I get" e teria sido dita por outro famoso jogador de golfe antes de ser usada por Tiger Woods. Nas pesquisas que fiz, a origem é um pouco controversa, tendo sido atribuída tanto a Gary Player como a Arnold Palmer.

ciclo virtuoso de vendas. Bons vendedores sabem que vale a pena dedicar parte de seu tempo planejando, porque isso garante maior eficiência nas vendas. Busque seu próprio conhecimento e experiências você também, em uma retroalimentação.

Essa situação me faz lembrar da seguinte anedota: duas pessoas caminhavam tranquilas no meio do mato quando, de repente, aparece um urso. Uma delas para e começa a calçar um tênis. A outra sai correndo descalça e, surpresa, alega: "Para que usar isso? Você realmente acha que será mais veloz do que o urso assim?". Eis que a primeira responde: "Eu não preciso correr mais rápido que o urso, só preciso ultrapassar você". O(a) vendedor(a) exponencial é como a personagem que calça o tênis. É lógico que ela perdeu tempo amarrando os cadarços, enquanto a outra já saiu correndo. Porém, ficou mais preparada para aquela situação e teve mais chances de sobreviver à situação de risco.

Quanto tempo se leva planejando?

Não há uma regra ou proporção-padrão de quanto tempo do seu trabalho o vendedor deve gastar fazendo o planejamento, pois a venda não é uma ciência exata. Todavia, pela minha experiência na área, acredito ser conveniente reservar pelo menos 15% do seu tempo para isso. Mas friso: essa é apenas uma estimativa, com base nas minhas vivências. O importante é que você estude e teste o que funciona para você. Há vendedores excepcionais e muito experientes que planejam tudo mentalmente, por exemplo, e podem levar menos tempo que isso. O importante é sair para a execução já tendo uma estratégia clara para a venda.

O(a) vendedor(a) exponencial encerra o planejamento sabendo o que quer. Ao final desse trabalho, já tem agendada uma refinada lista de clientes em potencial para visitar. E é preciso deixar tudo bem preparado para a próxima etapa. Faça tudo para não perder tempo depois e atire no alvo na hora da execução.

Recapitulando a etapa de planejamento

Nesta primeira parte, falei sobre as etapas que envolvem a preparação do(a) vendedor(a) antes de ir para a visita. Isso significa ter um moonshot, um sonho ou propósito por trás das vendas.

Depois, abordei a necessidade de calcular, na ponta do lápis, esse sonho e representá-lo em um número factível (em consonância com a meta da empresa). Em seguida, registrei a importância de saber o quanto vender para alcançar o resultado esperado dentro do prazo estabelecido.

Posteriormente, disse que é preciso descobrir para quem você venderá (seu público-alvo, sua clientela), mapear de forma específica quem são os clientes a prospectar e identificar onde eles estão localizados. A partir daí, vem o momento de pesquisar a fundo sobre quem decide pela compra, agendar visitas de forma estratégica e definir o objetivo de cada uma delas.

Salientei, ainda, a importância de procurar antecipar soluções criativas, enxergar oportunidades e atender a necessidades que o cliente sequer imagina que tem.

Reforcei também o quanto é vantajoso estudar sempre, ter bagagem cultural e estar informado(a) para ampliar seu repertório em conversas e negociações.

Por fim, falei sobre ter resiliência para recalcular rotas se for preciso e jamais pular a etapa do planejamento, caso queira vender de forma exponencial.

Parte 2 – A disciplina da execução

Visualize a seguinte cena: você, **vendedor(a), chegou preparado(a) para visitar o seu cliente em potencial**. Já fez todas as pesquisas, antecipou ao máximo as informações sobre a pessoa com quem falará e as necessidades que ela pode ter. Preparou seu material e sabe o que vai apresentar. A partir de agora, qual é a melhor forma de agir para ampliar suas chances de sucesso?

A execução da venda começa na primeira visita ao cliente. É o período de relacionamento e negociações antes de efetivamente fechar o negócio. Nele, o(a) profissional de vendas executa tudo aquilo que planejou na etapa anterior. Em uma rápida busca no dicionário, aparecem como sinônimos de executar os verbos realizar, efetuar, fazer e cumprir. E, afinal, não há melhor forma de traduzir essa etapa do que essas palavras.

Como eu já disse algumas vezes, a venda de produtos ou serviços personalizados dificilmente é fechada na primeira visita. Via de regra, no primeiro encontro, o(a) vendedor(a) conhece a demanda do seu potencial cliente, entende bem o que ele precisa, apresenta a sua empresa e o seu portfólio e vai embora com a missão de voltar em breve com uma proposta atrativa.

Muito provavelmente, a venda também não acontecerá na segunda reunião. Pode ser que sim, mas, segundo a minha experiência, isso é raro. Na segunda conversa, o comprador costuma receber a proposta, tirar dúvidas, compromete-se a analisá-la e, em boa parte das vezes, pede ajustes que o(a) vendedor(a) não conseguiu antecipar. O(a) vendedor(a) então volta para casa, mexe de novo na proposta, com base nos pedidos feitos, e vai a um terceiro encontro, que, desta vez, tem um potencial maior de fechamento. Contudo, pode existir a quarta, a quinta, a sexta visitas antes da assinatura do contrato. Não há regras. A complexidade do que você está vendendo é o que dita o tempo do processo – na etapa de fechamento, falo sobre como perceber quando é hora de encerrar o ciclo de reuniões e pressionar o cliente a tomar uma decisão.

O *moonshot* inspira sua disciplina

Denomino essa fase de disciplina da execução porque, sem ser disciplinado(a), o(a) vendedor(a) não conseguirá executar com excelência o que planejou. Às vezes, é chato cumprir tudo aquilo que foi definido previamente. Se você estabeleceu que tem que fazer cinco visitas por dia para bater a sua meta, é preciso ter o comprometimento e a responsabilidade de realizar essas cinco visitas. Há dias que é difícil: dá preguiça, faz muito calor ou frio, tem congestionamento, chove, você não está bem emocionalmente. Mas faça. Cumpra aquilo que foi proposto no seu planejamento.

Na maioria das vezes, como já falei, a primeira visita é de desenvolvimento do negócio, representação da sua empresa, apresentação do seu produto ou serviço. O relacionamento com os clientes pode não ser fácil, exige paciência, preparo emocional e muito jogo de cintura. Sua ideia inicial pode dar errado, o interlocutor pode não estar em um bom dia, não te dar a atenção esperada ou exigir muito mais do que aquilo que você havia previsto.

Seja qual for a dificuldade, esteja preparado(a) a cumprir o que se comprometeu ao traçar o objetivo de cada visita. Fazer isso exige uma capacidade que vou reforçar algumas vezes daqui em diante: resiliência. A gente não consegue bater todas as metas de primeira, em grande parte das vezes precisa voltar e replanejar. Mas faça isto: volte, replaneje, cumpra com dedicação e paciência o que estabeleceu para cada cliente. Por isso, digo que é preciso ter disciplina. A resiliência realmente é o segredo da execução, um fator que diferencia os vendedores medianos dos excepcionais.

Volto a falar do *moonshot*, que é o que guia o bom e a boa profissional de vendas. O(a) vendedor(a) exponencial se mantém firme diante das dificuldades no meio do caminho porque fundamenta muito bem seus objetivos pessoais para fechar cada negócio. Saber aonde se quer chegar é um fator crucial para não desistir. Isso ajuda que você esteja motivado, animado e resiliente, características importantes para quem lida com pessoas a todo momento.

O poder da atenção

O(a) vendedor(a) exponencial prioriza a qualidade na negociação, em vez de ter pressa em fechar logo. Esse é o grande diferencial que tento apontar desde as primeiras páginas deste livro. Todo o processo é muito cuidadoso. Primeiro você estuda, planeja, se prepara, marca a visita. Pesquisa ainda mais sobre o cliente antes de se encontrar com ele. O cuidado continua daqui em diante, durante a execução da venda. É preciso ser atencioso com a pessoa que aceitou recebê-lo, entender o que ela precisa e não a pressionar para comprar rapidamente nem a qualquer custo. Essa atenção gera duas coisas: a possibilidade de fazer uma proposta e, consequentemente, uma segunda visita, que é quando você vai apresentar de fato essa proposta. Veja como você pode avançar nisso.

Como dificilmente a venda será fechada na primeira visita, depois dela o(a) vendedor(a) pede um prazo para desenhar ao comprador uma solução que se encaixe no que ele precisa. Mesmo que essa adaptação seja algo simples, você deve formular uma proposta específica para o cliente se sentir valorizado e ter a certeza de que você está lhe oferecendo a melhor solução possível, que satisfaça as necessidades dele naquele momento. Pense sempre em qual personalização você pode fazer. Às vezes, o cliente se sente tão especial por você ter montado uma proposta personalizada para ele, que o fator preço até some da jogada, pois ele já se sentiu abraçado com o que foi oferecido. Foi tudo tão individualizado que ele não tem nem como compará-lo com o concorrente. Você fez um negócio para ele.

Quanto mais a proposta é pensada nesse sentido, maior a chance de sucesso. O tempo que levará para a segunda reunião varia de acordo com o cliente, com a urgência dele. É claro que você precisará de um prazo para preparar algo que atenda às necessidades dele, mas procure cumprir isso ao máximo no tempo que ele pediu. Desenhe uma proposta que se encaixe exatamente no que o comprador precisa, como se fossem peças de Lego, e vá pronto para a segunda visita.

Ao apresentar o que preparou, conforme a minha experiência, também não é recomendado ficar ansioso para fechar o negócio rapidamente.

Sugiro que você seja muito didático(a) na explicação da sua solução. Venda-a muito bem, com segurança, explicando que desenhou tudo especialmente para aquele cliente. Mostre as personalizações feitas pensando exatamente no que ele precisava. É importante demonstrar flexibilidade e deixar claro que, caso ele não tenha gostado de alguma coisa, é possível mudá-la rapidamente. É a hora de ser explicativo(a), flexível, mostrar possibilidades, benefícios, vantagens e ganhos que o comprador terá com a solução desenhada. Apenas ao final da conversa, é que se deve falar sobre preço. Você tem que tirar a guerra com o preço da jogada, e sim vender a sua solução mostrando os benefícios dela.

Tenho uma história que ilustra bem o quanto a personalização e a atenção com o cliente fazem a diferença na hora de fechar negócio. Quando eu ainda era gerente da regional de Campinas da Algar, precisei contratar serviços de limpeza para o nosso escritório, que ficava no 11º andar de um edifício comercial. Lembro direitinho que o vendedor da empresa que prestava esse serviço para escritórios de outros andares me procurou, argumentando que já atuava no prédio. Eu o recebi, pois de fato precisaria contratar alguém, e a empresa dele já estava mobilizada no edifício. Ele trouxe a proposta, mas o preço dele era mais alto que o de outras empresas que eu havia procurado. Como comprador, perguntei qual seria o diferencial dele, porque eu não poderia pagar mais caro pela mesma coisa, apenas pelo fato de ele já atender outros clientes no mesmo prédio. O vendedor voltou na segunda visita com uma proposta, sem custo adicional, de ter uma limpeza mais pesada do escritório todos os finais de semana, em adicional ao serviço básico já feito de segunda a sexta-feira. Ao oferecer isso, ele saiu da jogada do preço e me mostrou benefícios que eu teria ao fechar com ele. Naquele caso, era ter um escritório mais limpinho, e eu comprei. Os serviços dele eram um pouco mais caros, mas valeu a pena. Logicamente que, se fosse muito mais caro, eu não fecharia, mas a oferta dele foi mais cômoda e efetiva, e considerei que compensava pagar um pouco a mais por isso.

O que você como vendedor(a) precisa ao apresentar uma proposta é transmitir essa credibilidade. O comprador tem que acreditar em você, ver que está fazendo o maior esforço possível para lhe oferecer a melhor solução, e que ela realmente resolverá o problema dele. O formato que a proposta é apresentada também deve ser pensado com carinho. É recomendável montar uma apresentação interessante e atrativa (com softwares que permitem criação de slides personalizados, ou impressa em papel). Eu imprimia sempre duas vias da proposta e pedia para a outra pessoa seguir as informações folha por folha, conforme eu ia explicando. Muitas vezes, levava um especialista técnico comigo para dar ainda mais credibilidade ao que estava sendo oferecido.

Transparência: uma prioridade

Sempre que vou visitar um cliente, reforço para mim mesmo, mentalmente, que eu seja o mais transparente possível naquela reunião. Antes de iniciar qualquer conversa, penso: "Serei transparente. Já estudei, me preparei, sei o que essa pessoa precisa e não vou enganá-la."

Aprendi a importância de ser honesto e transparente com a clientela ainda criança. Como revelei no começo desta obra, meu passatempo quando pequeno era "brincar de vender". Por volta dos meus 11 anos, eu morava em um condomínio com cerca de 400 casas em Castilho (SP). Apareceu por lá um vendedor de jornal, e muitos moradores fizeram a assinatura, inclusive meu pai. Um dia, fui com ele ao açougue do supermercado que havia dentro do próprio condomínio, e o açougueiro Amauri lhe perguntou: "Seu Salomon, o senhor não tem jornal na sua casa para trazer para mim?". Na época, era comum embrulhar a carne em papel-jornal (com o plástico por baixo, obviamente). Quando cheguei em casa, meu pai me falou para levar o jornal ao açougueiro e ficar com as moedas. Rapidamente, tive a ideia de coletar os jornais de outros moradores, levar para o Amauri e ganhar uns trocados, o que ele aceitou. Eu passava de casa em casa pedindo jornal velho, levava toda semana ao açougueiro, que pesava tudo na balança e me pagava. Uma vez, me dei conta de que o papel molhado pesava mais e molhei propositalmente alguns, colocando-os no meio dos demais para escondê-los. O Amauri comprou e nem percebeu, mas eu me senti tão esperto que cheguei em casa e contei a estratégia todo orgulhoso ao meu pai, como se fosse uma conquista. Claro que ele ficou muito bravo, me deu uma bronca daquelas, dizendo que aquilo era errado, que ele não tinha me criado para fazer aquele tipo de coisa. Lembro direitinho do meu pai me puxando pela mão e me arrastando até o açougue para pedir desculpas ao Amauri (lembro o nome dele até hoje por causa dessa cena). Depois tive que fornecer jornal de graça por um mês. Assim, aprendi que quem quer ter sucesso em vendas deve ser honesto e transparente. Não podemos quebrar o laço de confiança firmado com o cliente na hora da venda.

Carreguei esse aprendizado para sempre. Por mais ingênua que pareça a situação, a mensagem cabe perfeitamente em qualquer relação comercial. Até hoje, às vezes me deparo com uma situação em que poderia ludibriar um cliente, dar uma "enganadinha" para vender mais, mas automaticamente me vem aquela lembrança. Como gestor ou diretor, já aconteceu de eu presenciar um vendedor da equipe tentando fazer o mesmo para bater a meta, e sempre dou um "puxão de orelha". Não faço isso simplesmente porque sou bonzinho, mas justamente porque penso em vender mais. Se quebramos o laço de confiança, a pessoa ludibriada lembrará do fato para sempre. Com isso, perdemos o cliente e ainda ficamos com uma péssima reputação no mercado. O(a) vendedor(a) exponencial se preocupa com seu nome porque é isso que ele(a) carrega na relação comercial. É isso que torna seu ciclo de vendas contínuo e bem-sucedido.

Tenho mais um aprendizado da infância nesse sentido que carrego comigo até hoje. Ainda criança, percebi que não havia lava-rápido na nossa cidade, que era muito pequena. Os moradores do condomínio lavavam o carro em outras cidades da redondeza. Não hesitei em convidar um amigo para oferecermos juntos a lavagem aos vizinhos. Quando víamos que o carro estava sujo na garagem, tocávamos a campainha e pedíamos para lavar o veículo. Tínhamos até uma tabela de preços: o serviço mais barato era só de lavagem. O intermediário incluía lavar e passar o aspirador internamente. Já o completo dava direito a lavar, aspirar e passar cera. Uma moradora tinha uma caminhonete bem grande, que estava muita suja de barro, e em determinada ocasião me ofereci para lavar e passar aspirador no carro dela, e ela aceitou. No final, vi que havia ficado uns risquinhos e perguntei se poderia passar a cera também, o que ela aceitou. Quando fui cobrar, passei o valor do serviço completo, mas a cliente achou muito caro. Justifiquei que era por causa da cera, mas ela não concordou e me pagou bem menos. Eu me senti bastante ofendido e revoltado, como se aquilo fosse uma esmola, e tomei uma atitude completamente errada, da qual me envergonho até hoje: rasguei a nota na frente dela. Aquilo causou um grande rebuliço, levei uma bronca enorme da minha mãe, que, assim como meu pai havia feito da outra vez, me fez pedir desculpas à vizinha pelo meu ato. Daquela ocasião, carrego o aprendizado da importância de combinar claramente os valores com o cliente sempre antes da execução do serviço, explicando o que está incluso. Naquele dia, recordo que expliquei para a minha mãe que eu tinha falado à moradora que o valor era mais caro com a cera, mas minha mãe insistiu que a culpa era minha, porque, se a cliente não havia entendido, então eu não fiz da forma correta. "Você tem que falar de um jeito que ela entenda. Se ela não entendeu, você está errado", ela disse. É claro que a bronca maior foi sobre o meu ato inconsequente de rasgar a nota: "Não pode rasgar dinheiro, porque se fizer isso você vai preso, entendeu?", ela repetia.

Com essa história, aprendi a não falar meias-palavras, a ser claro e especificar muito bem o que está incluso em cada proposta. Todos nós, vendedores, passamos por ocasiões em que temos a oportunidade de dar uma "enganadinha suave, de leve", se quisermos. Por exemplo, na venda de banda larga, é comum clientes perguntarem algo como: "Mas é certeza que a internet vai funcionar o tempo todo sempre, sem interrupções?". Tem um monte de vendedores que falam que vai e, quando acontece algum problema, alguma peculiaridade imprevista que faça a rede oscilar, esse comprador vai ligar aos berros, alegando que na hora da venda foi informado que a internet nunca falharia. É nessas horas que perdemos o cliente para a concorrência. É impossível para qualquer fornecedor garantir 100% de funcionamento da rede o tempo todo, mas consigo garantir que o índice seja de 99%. Nessas horas, digo: "É muito raro acontecer, mas caso aconteça, eu lhe garanto que você pode me ligar que estarei lá para ajuda-lo". Mesmo com o risco de perder a venda, sou honesto sempre e oriento que a equipe faça o mesmo. Com essa postura, vendemos cada vez mais e conquistamos clientes que se tornam nossos fãs. Não queremos fazer apenas uma venda, queremos o cliente fidelizado e buscamos longevidade nos contratos para alcançarmos nossas metas e também nossos sonhos pessoais.

Essa minha postura é também uma forma de tentar "consertar" a má fama que muitos vendedores ruins deixam no mercado. Por conta de comportamentos equivocados por parte de alguns, o profissional de vendas muitas vezes é conhecido como "enrolão". Priorizo ser transparente acima de tudo, porque sei o quanto é importante ter palavra para conseguir sucesso nos negócios e alcançar meus objetivos pessoais com as vendas. Priorizo a transparência antes de mais nada, justamente para acabar com essa ideia de que o vendedor promete e não cumpre. É uma atitude importante para acabar com esse estigma e transmitir credibilidade.

O(a) bom(boa) vendedor(a) não pode, em hipótese alguma, ludibriar o cliente. Ele(a) tem que trabalhar com clareza, dar detalhes do produto ou serviço, ser didático(a) e honesto em cada proposta. Se o cliente pedir algo que não for possível oferecer ou adaptar, pois seu produto ou serviço não atende a tal necessidade, diga a verdade. Mostre os pontos positivos daquilo que você tem, mas seja franco sobre o que não tem, dizendo algo como: "O que eu tenho de melhor para o que você precisa neste momento é essa opção X [explicando o que possui], mas o que você me perguntou eu não tenho".

Em situações como essa entendemos claramente a importância da pesquisa e da preparação prévias, pois às vezes você não tem o que o comprador pediu, mas sabe que ninguém mais tem. É possível dissertar sobre isso durante a visita, da seguinte forma: "Não tenho o que me solicitou, estou sendo transparente com você, mas adianto que vai ser difícil você encontrar isso, porque conheço bem o mercado e sei que nenhum concorrente tem isso".

É um tipo de abordagem que só pode ser feita se você estiver bem-preparado, conhecer a fundo seu mercado e a concorrência, e que com certeza fará toda a diferença na tomada de decisão do comprador.

Além disso, não fale que conseguirá fazer alguma adaptação na proposta se isso não for possível. Não prometa que o seu produto ou serviço permite determinada coisa caso não seja verdade. Se você não for transparente em cada negociação, na hora de fechar o negócio isso virá à tona e tudo irá por água abaixo. Ou pior, você pode fechar, mas ter sérios problemas quando o cliente perceber que foi enganado. Nunca mais venderá para ele ou para a rede próxima dele. Sua imagem de ludibriador ficará marcada para sempre. Lembre-se: o(a) vendedor(a) carrega sua reputação onde estiver. Futuramente, você pode vir a representar outra empresa, produto ou serviço. Todas as pessoas com quem tiver se relacionado no passado farão parte da sua trajetória como profissional e carregarão as lembranças da sua atuação, tanto positivas quanto negativas. A coisa mais comum que existe é um(a) vendedor(a) oferecer diferentes produtos para os mesmos clientes quando muda de empresa. Sua credibilidade, portanto, não pode ser comprometida em hipótese alguma.

Capacidade de adaptação

Muitas vezes, acontece de fazermos tudo direitinho até a visita: planejar, ser transparente nas conversas e, de repente, sermos surpreendidos com um pedido completamente imprevisto e inesperado por parte do cliente. Suponhamos que você tenha se preparado para oferecer os mais diversos modelos de lápis, mas o comprador pede um modelo com uma borracha na ponta, o que você não imaginava. Talvez até conseguisse acoplar a borracha, mas não se ateve a essa possibilidade durante o planejamento. Contudo, é possível que esse realmente seja um pedido irrealizável. Em circunstâncias como essa, é importante saber se adaptar, tanto instantaneamente como por meio de um novo planejamento, a depender da complexidade do que lhe foi solicitado.

Não tente pular etapas diante de um pedido impensado, o que significaria ignorar a solicitação repentina e tentar empurrar "goela abaixo" do cliente aquilo que você já tem pronto, só para bater a sua meta rapidamente. Seria dizer algo como: "Olha, feche dessa forma, só um lápis já vai ajuda-lo e você pode comprar a borracha separadamente depois". Não faça isso. Adapte-se à nova realidade. Essa capacidade de adaptação seria dizer mais ou menos o seguinte: "Você me pediu algo que eu realmente não estava preparado para oferecer. Não tenho nada pronto para lhe mostrar agora, mas consigo montar um portfólio disso e lhe trazer uma proposta competitiva".

Por mais que você tenha se preparado justamente para evitar imprevistos e agilizar a venda, é preciso ter a capacidade de saber o que fazer caso o inimaginável aconteça. Nem tudo corre da maneira que planejamos, pois, reforço, a venda não é uma ciência exata. Não se frustre e siga em frente, pois isso acontece com frequência.

Em grande parte das vezes, é preciso voltar para replanejar a proposta. É como eu já disse inúmeras vezes, quanto mais customizada e consultiva for a venda, mais idas e vindas entre as etapas de planejamento e execução serão necessárias. Nessas situações, aproveite tudo o que você planejou, dê referências para falar sobre o que tem, explique como funciona e como poderia ser o produto ou serviço com o adicional que lhe foi solicitado. Ouça com atenção o pedido, absorva, tenha disciplina, volte e refaça todo o planejamento. Agende a próxima visita para oferecer a nova solução ao cliente.

Tenho um exemplo de uma venda em que consegui adaptar a proposta rapidamente, ainda durante a visita. Eu acompanhava um vendedor para oferecer uma solução de TI a uma empresa. Ao final das negociações, o cliente apareceu com um argumento completamente imprevisto: ele havia gostado muito da nossa proposta, mas, caso fechasse conosco, perderia um funcionário antigo que trabalhava na equipe dele há anos e que seria substituído pelo nosso time. Não pensei duas vezes e imediatamente disse: "Não há problema algum com relação a isso, podemos contratá-lo para trabalhar conosco no seu projeto e ele continuará com você". Funcionou, e o cliente fechou com a gente. É o tipo de adaptação possível de ser feita sem precisar replanejar, mas exige que o(a) vendedor(a) pense rápido e, mais importante, tenha autonomia para tomar essa decisão (falo mais sobre isso na etapa de fechamento). Eu, na ocasião, sabia que era possível contratar o funcionário do cliente e ofereci a opção no mesmo instante. Situações como essa são praticamente impossíveis de serem previstas durante o planejamento e exigem que o vendedor seja sagaz, esteja atento, crie soluções e adapte sua proposta.

A necessidade de adaptação faz parte do dia a dia em vendas. Tive uma experiência como consumidor que ilustra um comportamento de adaptação de uma vendedora em uma loja de eletroeletrônicos. Foi uma venda de varejo mais simples que as personalizadas, mas a profissional soube se adaptar muito bem à minha situação. Eu havia mudado de casa recentemente e precisava comprar dois televisores, sendo que a prioridade era um aparelho grande para a sala. Cheguei à loja e expliquei à vendedora que queria uma televisão de 49 polegadas. Ela tentou me convencer a comprar uma de 55, detalhando todos os benefícios do produto, mas aleguei que o preço do modelo era superior ao que eu poderia pagar, pois provavelmente eu ainda gastaria com uma segunda televisão, a qual eu queria instalar em outro cômodo. Assim que soube que poderia vir a comprar um segundo aparelho, imediatamente a vendedora me apresentou uma promoção da loja: se eu levasse o modelo de 55 polegadas, poderia adquirir o de 42 por R$ 1 mil a mais – valor bastante inferior ao preço de tabela do segundo aparelho, que custava R$ 3,9 mil. Aquela vendedora não fez nenhum milagre, mas estava atenta e soube adaptar-se rapidamente à minha necessidade. Acabei levando as duas pela promoção e fiquei satisfeito. Um tempo depois, decidi trocar um terceiro televisor na casa, voltei àquela loja e comprei com a mesma vendedora porque havia gostado do atendimento dela.

De olho na linguagem corporal

Ao longo da conversa, o cliente emite sinais corporais que ajudam o(a) vendedor(a) a perceber se ele está satisfeito ou não com a negociação. Esses sinais podem ser tanto explícitos, de a pessoa falar claramente o que está pensando, como implícitos, como uma linguagem corporal, um tom da voz ou a maneira de falar. Às vezes, o interlocutor diz um "sim" que na verdade quer dizer "não". É claro que isso acontece em qualquer situação de interação entre duas ou mais pessoas, mas, como o profissional de vendas deve ser um especialista em relacionamento, ficar atento ao que parece apenas um detalhe pode ajudá-lo a desenvolver melhor sua venda.

Ampliei meus horizontes a respeito disso após participar daquele curso na Singularity University, em uma dinâmica de linguagem corporal (body language). No início do curso, um diretor de teatro promoveu uma interação para que a turma se conhecesse, só que com um detalhe: ninguém poderia falar uma palavra sequer, nem escrever. Eram 54 pessoas tentando se conhecer apenas pela linguagem corporal. Assim, eu soube que, entre os participantes, o único que tinha uma carreira profissional similar à

158

minha era um engenheiro francês, gestor de projetos em uma grande empresa. Os demais eram todos empreendedores ou pessoas com carreiras alternativas, fora dos postos tradicionais do mundo empresarial. Descobri tudo isso porque, durante a dinâmica, o facilitador foi "jogando" preferências, e as pessoas com coisas em comum foram se reunindo.

Aprendi ali o quanto deixamos de lado as percepções corporais no dia a dia de vendas, apesar de sermos verdadeiros comunicadores. A gente usa muito o estímulo da fala e da escrita, seja eletrônica ou presencial, mas não desenvolve outras habilidades. No meio de uma negociação, é possível perceber, por meio do olhar, da fisionomia, da postura e dos gestos do cliente, se ele está ou não gostando do que apresentamos. Às vezes, a pessoa não comenta nada, mas "diz muito" com sinais como se afastar na cadeira, contorcer a coluna, franzir a testa, cruzar os braços, etc. Tudo isso demonstra certo descontentamento e pode significar algo como: "Não estou gostando do que você está me falando" ou "o que preciso não é bem isso". Por outro lado, se o interlocutor demonstra entusiasmo no olhar, leveza na postura, aproxima-se de você na cadeira e sorri, pode estar dizendo com o corpo: "Gostei muito e vou fechar".

Antes de participar daquela dinâmica, eu já sabia intuitivamente sobre isso, mas nunca havia efetivamente prestado atenção a esses "detalhes" nas visitas aos clientes. Sempre observei muito mais o que a pessoa falava e escrevia, não o que ela deixava transparecer. Depois daquela experiência, porém, passei a me atentar à linguagem corporal das pessoas com quem eu converso e a perceber como elas recebem as informações que eu lhes passo. Notei que, quanto mais sinais conseguimos captar, mais efetivo somos durante a negociação, trazendo argumentos corretos para aquilo que o cliente quer ouvir.

Recordo de ter feito isso em uma visita pela Algar Telecom a um grande banco em São Paulo. Eu já era diretor e participava de uma conversa com os executivos daquela instituição financeira, ao lado do vendedor responsável pela conta. Nosso intuito era ampliar a participação entre os prestadores de serviços de telecomunicações do banco. Sentamos com os clientes e, conforme havíamos planejado, começamos a apresentar os avanços da nossa empresa. Evoluímos propondo a ampliação dos serviços em áreas nas quais tínhamos condições de oferecer vantagens competitivas em relação à concorrência. Em dado momento, observando os rostos dos clientes, percebi que um deles estava gostando muito da ideia. Ele vibrava. Eu o via relaxado, sem tensões, crescendo por dentro. Parecia muito feliz com o que escutava. Nossa proposta parecia música aos ouvidos dele. Contudo, o colega ao lado, justo o que tinha o poder de decisão, não esboçava nenhuma reação e parecia apreensivo. Atento a isso, interrompi a apresentação e falei a esse decisor: "Olha só, o seu colega gostou bastante da nossa proposta, percebo pelo olhar dele. Mas você aparenta estar um pouco incomodado. Qual é o motivo?". Após essa abertura, o executivo confessou que, há mais de dez anos, uma empresa que fez parte do nosso grupo o havia deixado na mão para a prestação de um serviço. Por isso, ele desconfiava se de fato éramos tão bons como estávamos falando.

Conseguimos contornar a situação, entrar em um acordo e até vender um pouco a mais para aquele banco. Considero que a minha sensibilidade em relação à linguagem corporal do tomador de decisão naquele momento foi relevante para o sucesso do negócio. Eu poderia não ter perguntado nada, terminado e simplesmente ido embora. Talvez ele comprasse da nossa empresa, talvez não. Mas graças à minha pergunta, ele pôde desabafar e isso tirou um grande peso dos ombros dele. São os fatores intangíveis das negociações.

Hábitos e cultura do cliente

Já falei na etapa de planejamento sobre a importância de se adaptar às diferenças culturais de cada cliente. Esse cuidado, obviamente, continua na execução. Na verdade, a pesquisa sobre quem é o cliente deve ser feita justamente para que o(a) vendedor(a) esteja preparado para o momento de estar frente a frente com ele.

Reforço: é importante saber que existem diferentes pessoas, origens, personalidades e culturas. E, na maioria das vezes, será apenas na visita que conheceremos melhor as características das pessoas com quem conversaremos. Nesse momento, além dos sinais, é muito importante estar atento aos hábitos e à postura do indivíduo para quem você quer vender. Sabe aquela história de que paulista dá apenas um beijinho na bochecha ao cumprimentar alguém, enquanto o carioca dá dois? Atente-se a esses detalhes para surpreender o seu cliente e causar empatia nele

Há relações de venda em que o comprador se importa muito mais com a sua palavra do que com contratos, por exemplo. São negócios que, antigamente, eram feitos no "fio do bigode", ou equivalente a dizer: "Falou está falado, eu confio em você". Isso não significa que não será assinado nenhum contrato com esse cliente, mas que, ao perceber que o interlocutor se importa muito mais com o que você diz, é importante transmitir essa segurança e confiança a ele. Para isso, é imprescindível se recordar da importância da transparência, como abordo em páginas anteriores. Fale apenas o que você poderá cumprir, caso contrário, diante de qualquer problema esse cliente vai procurá-lo nervoso e decepcionado, dizendo algo como: "Você disse que faria tal coisa, eu confiei em você, e agora me deixou na mão".

Controle emocional

A execução é a etapa que mais demanda emocionalmente do(a) vendedor(a). Para ter sucesso, é preciso estar ligado o tempo todo, atento, antenado, prestar atenção em cada detalhe da negociação, manter-se solícito e disponível ao cliente. Ter essa disposição e resiliência a cada venda nem sempre é fácil, mas o(a) vendedor(a) com sonhos elevados, que busca superar as metas da empresa e as suas pessoais, precisa dessa vitalidade, energia e desse equilíbrio para alcançá-los. Nada vem de graça, mas, sim, com muita dedicação.

Quando estamos na frente do cliente, um milhão de coisas passam pela nossa cabeça. Além das demandas da conversa em si, pensamos na meta que temos que bater, na próxima visita que faremos, no desejo pessoal que buscamos realizar, e por aí vai. Toda vez que um cliente demonstra desinteresse, pede reformulações na proposta ou acontece algum imprevisto, por exemplo, é comum ficarmos desestimulados, ansiosos ou nervosos, mas esses sentimentos só prejudicam o nosso desempenho. Sem controle emocional, há o risco de ficarmos tão tensos durante a venda, que o cliente emitirá uma série de sinais e não os perceberemos porque estamos preocupados apenas conosco. Então, é preciso ter calma, entender o que o cliente está falando, respirar e seguir na negociação.

É importante não se deixar abater, ter disciplina, controle e equilíbrio, encarar possíveis mudanças de rota e imprevistos como parte do jogo, e entender o cliente. Não o deixar perceber que você ficou abalado ou chateado por alterações que tenham sido solicitadas por ele é algo que lhe transmitirá segurança. Jamais fique seco, ríspido ou deixe transparecer ao potencial comprador que ele o prejudicou porque mudou a proposta, por mais que você sinta que isso tenha acontecido. Se você não tiver equilíbrio e se deixar envolver demais com os empecilhos, não terá a racionalidade necessária para continuar conduzindo a venda. Essa calma lhe permitirá agir com profissionalismo, replanejar e retornar para uma segunda visita, terceira, quarta, quinta, ou quantas forem necessárias.

Outro fator que aumenta a ansiedade e o estresse do(a) vendedor(a) é que, hoje em dia, a tecnologia nos deixa plugados 24 horas. Como precisamos estar disponíveis o tempo todo, quando vemos já estamos trabalhando o dia inteiro – atendendo a telefonemas, respondendo a mensagens no WhatsApp ou enviando e-mails. Isso só deixa a rotina do(a) profissional de vendas ainda mais imprevisível. Afinal, não há rotina na vida do(a) vendedor(a): a cada dia estamos em um lugar, comendo coisas diferentes e viajando com frequência.

Por isso, acredito na importância de trabalhar o equilíbrio emocional. Sugiro também reservar um tempo para o cuidado com a saúde, como se alimentar bem e ter boas noites de sono. Algo que sempre me ajudou no controle emocional são os exercícios físicos. Eles me equilibram e trazem a vitalidade tão necessária na profissão, além de espantarem a preguiça, quando ela ameaça bater. Corro praticamente todos os dias e, aos finais de semana, procuro sempre praticar algum esporte. Nessas horas, esqueço dos problemas e me recomponho. Faço isso porque gosto, mas percebo que me ajuda muito a aliviar o estresse e a tensão de algumas negociações difíceis, ou a pressão por bater uma meta desafiadora. Acredito que, se eu não praticasse esportes, seria uma pessoa estressada e não teria um desempenho profissional tão bom. Encontrei uma forma de conseguir isso por meio dos exercícios, mas cada um pode descobrir sua própria válvula de escape. Conheço colegas de trabalho que fazem meditação e teatro, entre outros hobbies.

Criatividade e inovação

É obrigatório que todo(a) vendedor(a) tenha pronto, desde a etapa do planejamento, um portfólio do que pode oferecer de diferente ao cliente na hora da execução. Contudo, para fazer além da média, o momento da execução exige que você esteja atento não só para se adaptar, mas também para criar e inovar.

Por mais que você seja criativo(a) e inovador(a) durante o planejamento, há insights e ideias que só surgem durante a visita. É claro que é preciso criar e pensar fora da caixa em todo o processo de venda, mas na execução é importante perceber as deixas do cliente para não desperdiçar nenhuma oportunidade. Como diz o ditado popular, "cavalo encilhado (selado) não passa duas vezes". Pode ser que o 'cavalo' passe só uma vez na sua vida, e é nesse momento que você tem que montar nele.

A abertura para a criatividade está muito relacionada a dois pontos que abordei anteriormente: a capacidade de adaptação e a leitura da linguagem corporal. O cliente dá muitas dicas, portanto, fique atento às entrelinhas. Preste atenção ao que realmente pode "tocar o coração" dele.

Uma experiência que vivi exemplifica bem o que quero dizer com ser criativo e inovador na execução. Eu ainda trabalhava como vendedor da Algar em Campinas, e o cliente tinha uma fábrica na cidade. Fui à visita superpreparado para vender, tive uma excelente apresentação, mostrei de forma convincente o nosso produto e serviço. Porém, percebi que, apesar de ele me ouvir e demonstrar certo interesse, dava a entender que iria me comparar com a concorrência e ainda não fecharia o negócio. Conversa vai, conversa vem, ele perguntou se eu era natural da cidade. Respondi que tinha nascido em Itajubá, no sul de Minas. Eis que ele me revelou que estava montando uma fábrica na também mineira Poços de Caldas, mas enfrentava um problema com fornecedor de telecomunicações por lá. Imediatamente, lembrei-me que os serviços da minha empresa estavam chegando a Poços de Caldas e garanti que conseguiria atendê-lo. Essa informação mudou completamente o rumo da negociação. De imediato, ele disse: "Se você me atender em Poços de Caldas, fecho negócio porque não tem nenhum player que me ofereceu isso até agora". A partir daí as conversas fluíram super bem e nós fechamos. É o tipo de situação que exigiu de mim conhecimento prévio sobre a empresa onde trabalho, algo que é essencial e deve ser feito ainda na etapa do planejamento, mas que também exige criatividade, percepção e adaptação durante a execução.

Em outra ocasião, por exemplo, um cliente estava com receio de comprar de mim porque não me conhecia. Prontamente eu lhe disse: "Faz o seguinte, eu vendo para você, venho aqui instalar o equipamento e, se você não gostar dele, depois eu o tiro". Era o tipo de situação que, se eu deixasse passar, o concorrente poderia chegar no dia seguinte e fechar negócio, e eu perderia a venda.

Crie necessidades na execução

As deixas e os sinais dos clientes também podem ajudar você a enxergar oportunidades e criar necessidades que não foram previstas na etapa do planejamento. Essa luz pode vir de coisas impensáveis, por isso é importante estar atento a tudo o que a pessoa diz e demonstra durante a conversa, mesmo que seja de forma espontânea ou em momentos informais. De algo momentâneo, você pode criar uma nova necessidade além do que havia planejado e fechar a venda.

Certa vez, fui vender serviços de telecomunicação para uma rede de televisão. Cheguei lá com a proposta básica, a qual defendi muito bem. Porém, o cliente dava sinais de que não compraria porque já estava sendo bem-atendido há muito tempo, e a preços competitivos, pelos concorrentes tradicionais. Durante a reunião, caminhávamos em um espaço aberto perto dos estúdios da televisão, e fiquei impressionado com uma antena gigante que havia ali. Apesar de eu ser engenheiro de telecomunicações, nunca tinha visto uma torre tão alta como aquela, e comentei informalmente sobre as minhas impressões, curioso por entender como a antena funcionava. O cliente explicou que ela emitia sinal para um morro que, por sua vez, o transmitia para o restante da cidade. Em seguida, acrescentou que estava com um grande problema, pois os equipamentos de transmissão eram antigos e, eventualmente, a antena precisava ser trocada para não haver riscos de acidentes. Assim que escutei essa última informação, tive uma grande sacada: lembrei que a minha empresa possuía uma fibra óptica interligando aqueles dois morros e, mesmo sem estar devidamente preparado, disse que tinha uma solução para resolver o problema dele, pois poderíamos locar a nossa fibra óptica para a companhia dele transmitir o sinal por baixo da terra e nunca mais se preocupar com a troca da antena.

As negociações avançaram rapidamente. O cliente esqueceu do serviço de telecomunicações que eu estava vendendo e disse que queria a nova solução que ofereci. É um exemplo de criar uma necessidade que o cliente sequer sabe que existe. Preparei a proposta e fechamos negócio. No final das contas, vendi algo completamente diferente da intenção inicial. O(a) vendedor(a), portanto, tem que estar preparado para criar essas necessidades e enxergar novas oportunidades sempre.

Venda na primeira visita

Apesar de raro, é claro que há casos em que se vende um produto ou serviço já na primeira reunião. A rapidez do processo varia de acordo com a situação. Por mais que não seja o usual em vendas personalizadas e customizadas, vender logo de cara por ser uma particularidade do seu produto, serviço ou público-alvo. Se essa for a sua realidade, tenha claro que o seu objetivo na primeira visita é mostrar opções prontas do seu portfólio e vender. Muitas vezes, a experiência lhe mostrará a melhor forma de fazer isso.

Aprendi uma estratégia quando, em 2013, recebi da Algar Telecom o desafio de ficar à frente da diretoria de MPE (micro e pequenas empresas) para aumentar a nossa performance nesse segmento, que estava deixando a desejar. Até então, eu só tinha vendido para grandes companhias – exceto a única experiência que tive com MPE, quando era adolescente e comercializava produtos eletrônicos na loja do meu tio, em Itajubá. Entrei na nova direção acreditando que a estratégia de vendas seria similar à usada com as grandes, mas logo percebi que estava redondamente enganado.

Na venda para micro e pequenos negócios, tudo precisa ser mais rápido, porque na maioria das vezes estamos negociando diretamente com o dono, não há intermediação com comprador ou gerente de TI (o responsável pela rede, no caso da minha área de atuação). A oferta e venda do produto é feita diretamente para esse empreendedor e tem que ser muito rápida, pois ele não quer discutir funcionalidades ou detalhes técnicos, mas, sim, ter o problema resolvido (no meu caso, uma internet rápida e de boa qualidade). Precisei me reinventar. Estudei a fundo o mundo dos micro e pequenos negócios, fiz cursos, visitei estabelecimentos, fui "ver com a mão" e descobri, via tentativa e erro, que com esse público-alvo era preciso fechar já na primeira visita. Tínhamos que nos preparar o máximo possível para chegar ao estabelecimento, no dia programado, já com uma solução formatada, adequada para cada área de atuação, mas sem customização – porque não era isso que esse tipo de cliente buscava. Se o nosso(a) vendedor(a) apresentasse o portfólio e deixasse para voltar outro dia com a proposta, nesse meio tempo o concorrente fazia a venda, porque todos produtos eram muito parecidos.

Perceba que o tipo de venda que acabo de descrever tem um ciclo curto e sai do escopo da personalização e das vendas consultivas. Mesmo assim, o(a) vendedor(a), nesse caso, também faz um trabalho prévio de preparação e, na visita, escuta e atende o cliente da melhor forma possível, demonstrando todos os diferenciais do produto, desenhado especialmente para aquele ramo de atuação, mas em um curto período de tempo. Ele precisa ser rápido porque tanto o cliente como ele próprio não têm tempo a perder. O cliente, por ser o dono do negócio, acumula muitos afazeres e não pode gastar muito tempo na conversa com o(a) vendedor(a). Este(a), por sua vez, tem uma longa lista de clientes a visitar e precisa ser rápido(a) no gatilho, pois, quanto menos personalizada for a venda, menos tempo se tem para cada visita. Há uma característica que esse perfil de profissional precisa ter, o qual chamo de "matador(a)". Isso significa saber ir direto ao ponto, dar atenção na medida certa e argumentar rapidamente para fechar, "matar a venda", logo na primeira visita.

As relações interpessoais nas vendas

Jamais podemos nos esquecer de que, apesar de ser uma relação profissional, o cliente é um ser humano que, assim como qualquer outro, tem seus dias bons e ruins. Por mais que a pessoa tenha aceitado receber você para uma conversa, diversos fatores externos podem influenciar essa relação. Tenha sempre em mente que problemas profissionais ou pessoais surgem a qualquer momento na vida de todos nós. Estar atento à linguagem corporal e aos demais sinais que o outro emite ajuda o(a) vendedor(a) exponencial a perceber se o interlocutor está passando por alguma dificuldade no momento da visita. Suponhamos que o cliente esteja bocejando o tempo todo durante a conversa. Estará claro que ele está com sono, cansado, talvez não tenha dormido bem na noite anterior. É provável que esse não seja o melhor dia para fechar uma venda com essa pessoa. Perceber isso é crucial na hora de decidir encurtar a conversa e marcar uma próxima reunião, para trazer novas informações e tentar fechar em um dia que o cliente estiver mais disposto a ouvi-lo com atenção. Não perca o seu tempo. Essa postura está relacionada à capacidade de adaptação na hora da execução, pois é algo impossível de prever.

A simpatia, a atenção e o cuidado do profissional de vendas são diferenciais competitivos, jamais se esqueça disso. É mais comum do que imaginamos um cliente fechar uma venda por causa do(a) vendedor(a). Somos seres humanos e gostamos de ser bem-tratados. Muitas vezes, a escolha pela compra ocorre justamente pela forma como somos atendidos pelo(a) profissional de vendas – ainda mais quando as ofertas dos concorrentes são semelhantes.

Uma vez, quando eu já era gestor, fui acompanhar um vendedor na visita a um cliente. Era uma venda relativamente simples e fizemos o processo normalmente, como de praxe: apresentamos o produto, nossos diferenciais e ouvimos a demanda do comprador. Durante a conversa, resolvi pegar meu tablet para anotar o que o cliente falava e, sem querer, tirei da mochila uma antena de TV digital que eu tinha. O cliente viu o acessório e ficou bastante curioso, pediu informações sobre o funcionamento do aparelho e quis saber onde eu o havia comprado. A partir daquele momento, eu simplesmente não consegui mais retomar o assunto da venda com ele e fomos embora.

Passados uns dias, fui surpreendido com uma ligação do mesmo cliente, com dúvidas não sobre a proposta, mas sobre a antena. Ele perguntou se eu poderia ir até a empresa dele para ajudá-lo a comprar uma igual e, de quebra, conversaríamos sobre a proposta. Fui e deu certo, mas primeiro o ajudei a comprar o acessório, e só depois ele disse que havia gostado da proposta e fecharia com a gente. Tenho a impressão de que o fato de eu ter sido solícito e atencioso sobre a antena me ajudou a fazer aquela venda. São coisas que não conseguimos planejar, por isso é importante estar sempre ligado, de olhos abertos a fatores intangíveis. Talvez se eu não tivesse me disposto a ajudá-lo com a antena, ele não fechasse o negócio ou, no mínimo, demorasse mais para decidir pela compra. São coisas imensuráveis com as quais o(a) vendedor(a) tem que saber lidar com sagacidade.

Nossa empresa patrocinava a Stock Car[18] e, em determinada ocasião, um cliente comentou que o filho dele era louco por aquela corrida. O intuito com o evento era justamente convidar clientes e, sabendo que ele gostava, convidei-o para ir com o filho. Ele ficou muito emocionado e feliz e, no final, comprou da gente. Agora, podemos dizer que ele comprou apenas porque o levamos para ver a Stock Car? Não sei, mas provavelmente isso ajudou. Em vendas, preparações à parte, o lado do relacionamento humano é muito importante. Por isso, eu repito: para vender, tem que gostar de gente e de se relacionar. É preciso estar disposto a jogar um pouco de conversa fora antes e depois de cada

---

[18] Modalidade de corrida automobilística. Saiba mais em: www.stockcar.com.br. Acessado em 14 de março de 2019.

reunião, falar de assuntos aleatórios, amenidades, e sentir o ritmo de cada cliente.

Como já disse algumas vezes, sempre gostei de conversar e de me relacionar com as mais diversas pessoas. Não tenho dúvidas do quanto isso me ajuda nos negócios. Mas faço porque realmente gosto, nada é forçado e até fico amigo de muitos clientes. Considero que cada visita, mais do que uma relação de venda, é a relação da pessoa vendedor(a) com a pessoa cliente. A qualidade desse relacionamento fica para sempre e, independente da empresa em que o(a) vendedor(a) venha a trabalhar no futuro, ele(a) sempre será lembrado(a) como indivíduo. No final das contas, se você sempre tratar bem as pessoas e mantiver boas relações com elas, será muito mais fácil voltar a procurá-las com outras ofertas de negócio no futuro. A humanidade é justamente o grande diferencial do(a) vendedor(a). Se for para ser um(a) vendedor(a) seco(a) e técnico(a), o computador já existe e substitui esse tipo de venda muito bem.

Já as vendas personalizadas e consultivas exigem essa troca, esse contato. Necessitam do olho no olho, de entender o ser humano, as relações humanas, de ser consultor daquela pessoa. O(a) vendedor(a) que fizer isso não vai ser substituído(a) pela tecnologia. Não há espaço para quem não estiver pronto para essa realidade, pois há espaço no mercado de vendas para profissionais que não gostam de se relacionar com pessoas.

Um dos meus passatempos é jogar pôquer on-line, algo que faço com frequência aos finais de semana na página de um cassino no exterior. Porém, teve uma época que minha vida estava muito corrida e fiquei umas duas semanas sem jogar. Foi quando fui surpreendido por uma ligação de uma pessoa falando em português, com um atendimento super personalizado. Ela disse que havia percebido que eu estava jogando menos e, como era bastante assíduo, me ofereceu fichas de bônus para a próxima vez. Sei que foi o computador que mapeou o meu perfil, mas me senti bem ao perceber que a empresa dedicou seu tempo em colocar uma pessoa que fala a minha língua para me telefonar. Apesar de eu saber que havia interesses comerciais por trás daquela ligação, foi um atendimento personalizado que me fez voltar a jogar no site. O interessante nesse caso é que o site já tinha me oferecido promoções outras vezes de forma eletrônica, o que não surtiu o mesmo efeito em mim que a ligação telefônica. Por isso, argumento que a relação humana é sempre um diferencial na venda. Quanto mais você conseguir tornar a experiência agradável para o cliente nessa hora, maior é a possibilidade de ele comprar de você. Lembre-se disso na hora da sua visita.

Recapitulando a etapa de execução

Em toda a minha trajetória, noto que os profissionais de sucesso são aqueles que, além de saber o que querem, são comprometidos com o que fazem, com a venda, com o cliente e com a empresa para a qual trabalham.

Eles dão sua palavra e cumprem o que prometem, são preocupados com os resultados e demonstram isso desde o começo das negociações.

São transparentes, claros e não enganam ninguém só para fechar um negócio. Atentam-se aos sinais do cliente durante a conversa, incluindo a linguagem corporal.

Têm controle emocional para lidar com imprevistos, sabem a importância do seu papel como vendedores e demonstram isso em cada etapa da execução.

Não o fazem simplesmente porque são bonzinhos, mas porque é dessa forma que se constrói uma boa reputação. Só assim, a primeira venda se converte em segunda ou terceira, e um cliente poderá indicá-lo para outro. Vendedores qualificados gostam de gente e sabem que, acima de tudo, a venda é uma relação entre duas ou mais pessoas. Por isso, são conscientes de que construir um relacionamento de confiança é essencial para um bom profissional da área.

Parte 3 - Fechamento: do fluxo natural à "chave de pescoço"

Muitos pensam que fechar um **negócio é a parte mais difícil do processo de vendas**, mas considero que, das etapas vistas até agora, a "fechativa", como carinhosamente apelidei essa fase, é na verdade a mais fácil. Levando em conta a minha trajetória profissional, eu diria que, em mais da metade dos casos, fechar um negócio é apenas uma consequência de fases anteriores muito bem-feitas.

É por isso que reforço constantemente a necessidade de se preparar desde o começo. Executar todo o processo com excelência e confiança, alicerçado em seus sonhos, faz toda a diferença. O vendedor que pensa grande, que tem certeza do que o move a cada passo, que acredita na qualidade do que vende, age com verdade interior e transmite segurança ao comprador.

Pense comigo: você chegou à etapa final com uma ótima reputação com o cliente. Planejou-se e preparou muito bem a visita, apresentou-se da melhor forma, identificou as necessidades do comprador e teve muita paciência no relacionamento e na adaptação da proposta até chegar à melhor versão possível. Fez tudo certo até aqui: conquistou a confiança dele, apresentou o que ele queria, escutou-o, negociou preço, entrega ou prestação de serviço e esclareceu todas as dúvidas. Feita essa lição de casa, o fechamento se torna praticamente espontâneo. Ao agir assim, naturalmente chegará um belo dia em que você ouvirá do cliente o tão esperado: "Estou satisfeito. Vamos fechar?".

Nesses casos, a frase acima chega quando o cliente percebe que você já fez exatamente tudo o que ele queria. Depois disso, são acertadas as formalidades, os últimos detalhes do contrato, e a venda é concluída. Porém, pode ser que antes de bater o martelo o comprador apareça com uma surpresa final: solicita uma condição especial de pagamento ou um detalhe adicional na proposta – como 5% de desconto, aumento de prazo de pagamento ou o acréscimo de algum item sem mexer no preço final. É importante que o vendedor esteja empoderado para tomar decisões de última hora que criem condições para fechar o negócio. O ideal, a essa altura do campeonato, é ter autonomia para fazer concessões e acelerar a venda. O(a) vendedor(a) tem que saber até onde pode ir para fechar. Caso a empresa em que você trabalha não lhe ofereça muita liberdade, brigue por isso, deixando claro os benefícios que essa flexibilidade trará no fechamento – e, de preferência, faça os resultados aparecerem. Nas equipes que gerenciei, sempre dei autonomia aos vendedores e deixei bem claro até onde eles poderiam chegar com descontos, concessões e benefícios. Sempre os incentivei a tomarem decisões por si mesmos. Sem esse poder, é mais difícil o(a) vendedor(a) ser exponencial, pois o processo é moroso e a toda hora ele(a) precisaria interromper a negociação para pedir autorização a seu superior, antes de dar as respostas ao cliente.

Autonomia, todavia, demanda responsabilidade – e, infelizmente, não são todos que estão preparados para isso. Já tive vendedores irresponsáveis que fecharam propostas com condições que não podíamos oferecer, o que está longe de ser uma atitude exponencial. Contudo, quando a pessoa é segura, preparada, faz coisas diferentes, inovadoras, bem pensadas e traz bons resultados. O fechamento exige essa postura proativa e confiante. É comum vendedores inseguros não conseguirem fechar uma venda por medo ou porque não têm autonomia para tomar decisões. Certa vez, um vendedor meu assumiu a atitude de oferecer internet de graça para a administradora de um condomínio com 40 galpões de locação comercial. O raciocínio dele era de que, quando uma nova empresa fosse alugar um dos galpões, a administradora recomendaria os nossos serviços e, ao final, teríamos vantagem sobre a concorrência dentro do condomínio. Ou seja, deixaríamos de fazer uma venda com a probabilidade de fechar 40. A estratégia deu certo e se tornou um caso de sucesso dentro da Algar para ser implantado em outros lugares. Aplaudo de pé a postura de um vendedor como esse.

Formalidades para fechar

O fechamento normalmente ocorre sem muitos percalços quando segue seu caminho natural. É recomendável sair da visita com um compromisso formal do cliente firmado. Algumas empresas exigem que já seja o contrato assinado, outras um e-mail com a confirmação da compra, um "ok" via WhatsApp ou até mesmo a própria palavra do comprador – varia de caso a caso. Seja como for, esse comprometimento assegura que a venda foi fechada e você já pode comemorar, pois está mais perto de alcançar o seu objetivo.

Uma importante recomendação na hora de firmar compromisso e assinar um contrato é prosseguir com a postura de transparência que abordo na etapa de execução. Antes da assinatura, repasse tudo o que foi prometido e acordado nas etapas anteriores. Esclareça dúvidas de forma objetiva para evitar futuras dores de cabeça. Esteja certo de que todos os pontos foram abordados de forma transparente e de que a pessoa tem a verdadeira noção do que está comprando. Reflita se você está sendo sincero, se abordou todos os pontos do contrato e se não há nenhuma "pegadinha" que deixou passar porque o comprador não entendeu direito.

É comum o(a) vendedor(a) se empolgar na hora de fechar o negócio e ignorar alguns pontos importantes que devem estar claros para o cliente antes da tomada de decisão. Quem faz isso é um profissional ruim, mediano, de ocasião ou oportunista. O(a) vendedor(a) exponencial não age assim. Ele(a) tem um propósito, um sonho a ser realizado, e é transparente porque sabe o quanto tem a perder caso não o seja. No momento em que você firma um compromisso com o cliente, é a sua credibilidade que está em jogo. Repito o que já disse em páginas anteriores: para ser exponencial e montar seu ciclo virtuoso de vendas, você deverá vender muito mais, muitas outras coisas e para inúmeras pessoas. Sua credibilidade importa, e ter uma boa reputação não ocorre de graça, nem por acaso.

Aconteceu comigo, e não apenas uma vez, mas várias, de os clientes estarem tão desesperados para comprar que já chegavam perguntando: "Onde eu assino?". Às vezes, eles agiam assim porque havia acontecido alguma mudança no cronograma da empresa, e o projeto pedia urgência, ou simplesmente porque estavam ansiosos. E eu sempre falava: "Antes quero explicar tudo o que está incluso na proposta para saber se está claro para você". Sempre fiz questão de chegar ao fechamento com a consciência tranquila por ter sido extremamente transparente e mostrado claramente o que o cliente estava comprando.

Não se aproveite da ansiedade do cliente

Às vezes, acontece de o cliente querer comprar o mais rápido possível, mas o projeto ainda não estar maduro o suficiente ou sequer ser a melhor opção para o problema dele. O(a) bom(boa) vendedor(a) não tira proveito dessa ansiedade só para fechar uma venda e bater metas. Antes, cerca-se, deixa claras todas as suas condições e o que é o melhor a fazer em cada caso. Lembro bem da vez em que fui visitar um cliente, o gerente de TI de uma empresa de softwares, que estava muito certo do que precisava. "Quero esse produto", sentenciou. Todavia, durante a conversa, ficou claro para mim que eu tinha algo muito melhor para ajudá-lo e, de quebra, a um preço menor. Esclareci ao comprador que o produto que ele estava me pedindo custaria mais caro e não teria a performance que ele precisava, acrescentando que montaria uma solução específica para resolver o problema dele. Voltei em uma semana com a proposta redonda, ideal para a necessidade daquela empresa. Ao analisá-la, o gerente de TI ficou surpreso e perguntou se eu era "louco" por oferecer algo a um preço mais baixo do que aquilo que ele havia me pedido. Expliquei-lhe que, mais do que fechar negócio, o essencial para mim era oferecer uma solução com a qual ele ficasse satisfeito e que, por um acaso, ela era mais barata. O importante seria resolver o problema dele. O cliente chegou a duvidar de mim, mas insisti, pedi que ficasse tranquilo, garanti que instalaria o produto e, caso não funcionasse, ele poderia cancelar a compra, sem cobrança de multa (eu tinha essa autonomia). Instalamos tudo e deu mais do que certo: o gerente de TI ficou completamente satisfeito e agradecido.

Tempos depois, ofereci meu produto para um conhecido jornal em Campinas. A pessoa com quem falei não conhecia a nossa empresa e me pediu a referência de um cliente que estivesse satisfeito com os nossos serviços. Entre as recomendações, dei o nome da empresa de softwares, para onde a pessoa do jornal ligou e me contou o que ouviu. O gerente de TI deu o seguinte depoimento: "A Algar Telecom eu não sei se é boa, mas o Augusto é bom. Se ele falou para você, pode confiar".

É isso que quero dizer quando saliento a importância de ser um(a) vendedor(a) honesto(a), de palavra e prestativo(a). Ao agir assim, você conquista não apenas clientes, mas fãs. Eu poderia ter sido oportunista e vendido algo mais caro para aquele gerente de TI. Contudo, aquilo não o atenderia da maneira correta e ele ficaria insatisfeito. Eu faria a primeira venda, mas certamente não as próximas. Ser transparente traz essa credibilidade para o(a) profissional que pensa no longo prazo. Não estou falando em ser santo e recusar vendas. Não é nada disso. É vender sendo claro e oferecendo a melhor opção para se tornar confiável, uma referência para o cliente, e fazer cada vez mais vendas. Essa é a ideia.

Essa postura vale para qualquer segmento, até em vendas de produtos de prateleira no varejo – aquelas que talvez um dia serão completamente substituídas pelas novas tecnologias. Certa vez, fui pessoalmente a uma loja comprar uma impressora, e a primeira coisa que o vendedor fez foi me perguntar para que eu precisava do equipamento. Expliquei que era para os meus filhos imprimirem trabalhos de escola, e o vendedor fez a seguinte recomendação: "Se eu fosse você, não compraria essa que está olhando". Ele explicou que eu gastaria muito mais com a compra de cartuchos de tinta e me indicou uma opção menor, mais barata e econômica, cujos preços dos cartuchos eram mais acessíveis. Fiquei muito satisfeito com a orientação dele e até hoje, quando preciso comprar algo de informática, volto à mesma loja, porque aquele atendimento me gerou confiança.

E quando o fechamento não acontece?

Acabo de descrever o percurso natural de um fechamento bem-sucedido. Contudo, por mais que você conduza todo o processo perfeitamente bem, pode acontecer de o final esperado nunca chegar. Ainda de acordo com a minha experiência profissional, isso acontece em até 40% das vezes. Por isso, o(a) vendedor(a) não pode se deixar acomodar na fase do fechamento.

Você descobrirá que está caminhando para um desfecho indesejado ao notar que o fluxo de venda está se arrastando. É aquela fase em que você já fez todas as adaptações que o cliente pediu, refez propostas, marcou novas visitas, mas ainda não recebeu o "sim" dele. Comparo esse momento com o que os juristas chamam de chicana: o abuso na apresentação de recursos e a insistência em pontos irrelevantes para atrasar o trâmite de um processo. Em vendas, isso pode acontecer por várias razões. Cito as mais comuns: o cliente pode estar, literalmente, enrolando-o e, no fundo, não vai fechar com você; alguma coisa pode ter mudado na demanda dele nesse período e ele está postergando o fechamento de forma proposital; ele desistiu da compra e não teve coragem de lhe dizer porque sabe que você foi muito dedicado; ele realmente ainda não está satisfeito com a proposta, precisará de um refinamento melhor e você terá que voltar para a etapa de execução.

É claro que essas são apenas algumas hipóteses do que pode estar acontecendo. Algo comum em todas elas é que o cliente não fecha, mas também não fala se fará isso em breve, ou seja, fica em cima do muro. Seja qual for a realidade que você estiver enfrentando, uma coisa é certa: quem terá que descobri-la é você, em um processo que eu gentilmente nomeei de "chave de pescoço", em alusão à chave de braço que lutadores de artes marciais dão em seus oponentes, paralisando-os.

Denomino essa ação de chave de pescoço porque, nesse processo, você realmente vai pressionar o cliente a lhe dar uma resposta. O(a) vendedor(a) exponencial não tem tempo a perder, pois está atrás de um sonho, tem uma meta a cumprir e não quer permanecer em um processo de venda que se arrasta. Isso não é nada vantajoso porque consome uma energia que poderia ser usada de forma efetiva em novas e bem-sucedidas vendas. Quando você perceber que já fez tudo o que poderia para o cliente, que está no seu limite de idas e vindas e ele ainda não dá sinais de que vai fechar, é hora de agir.

É importante ficar claro que a chave de pescoço não é para forçar o cliente a fechar, mas para fazê-lo tomar uma decisão e informá-lo sobre o motivo dessa "enrolação". Na maioria das vezes, o comprador não demora por má-fé, mas porque tem alguma limitação. Você entenderá qual impedimento é esse lhe dando a oportunidade de falar. Considero que haja três respostas possíveis:

1. O cliente quer fechar, mas tem algum entrave para fazer isso imediatamente;
2. A proposta ainda não está exatamente do jeito que ele quer, e você deve voltar para a fase de execução, ou até de planejamento;

3.   O cliente não vai fechar o negócio e lhe informa o motivo.

Independentemente de qual for o motivo da enrolação, é sempre produtivo forçar uma resposta para:

1. Tentar contornar o impedimento e criar condições de viabilizar a venda;
2. Voltar logo para o planejamento e a execução e fazer uma nova proposta para fechar;
3. Encerrar a execução da venda e deixar as portas abertas para futuras oportunidades.

O grande objetivo de dar a chave de pescoço é avançar em um processo de venda que está parado e atrapalhando os seus objetivos. Você tem que sair da reunião de fechamento com uma decisão, esse é o grande ponto. Seja de compra (sim), de se comprometer a voltar no futuro (não) ou de refazer a proposta (talvez).

Como dar a "chave de pescoço"?

O(a) vendedor(a) exponencial pensa no longo prazo e na qualidade das relações com os clientes, do início ao fim do processo de vendas. Por mais que você esteja sendo efetivamente enrolado, não pode tratar mal o cliente ou ser mal-educado na hora de cobrá-lo a tomar uma decisão. Mesmo porque você ainda quer fechar com ele, seja agora ou no futuro, e também busca fidelidade e um bom relacionamento em novos contatos com aquela pessoa. Dessa forma, é preciso insistir – sempre de forma muito respeitosa – para obter a resposta de que você tanto precisa. Traga argumentos com sutileza para que o comprador se abra e revele o que está por trás dessa enrolação. Ter sensibilidade é fundamental nessa hora, pois é preciso ser sensível para descobrir em qual status o cliente está dentro das três possibilidades que citei anteriormente.

Para fazer isso, recomendo seguir com a postura de ser transparente. Suponhamos que você esteja na visita em que acreditava que, finalmente, fecharia, mas em vez disso o cliente dá sinais – novamente lance mão da leitura da linguagem corporal – de que ainda não baterá o martelo, ou então pede ajustes irrelevantes na proposta, dando a entender que não avançará depois disso. É um padrão que costuma acontecer com frequência, e cabe a você identificar quando é a hora de interromper esse ciclo. Com delicadeza, dê a chance de o cliente falar.

Um exemplo é dizer algo como: "Olha, eu fiz todas as variações que você me pediu e as apresentei em detalhes. Entendo que a solução que apresentei resolve o seu problema e lhe traz benefícios. Contudo, percebo que você talvez não esteja com a mesma urgência que tinha no começo do processo. Quer falar alguma coisa a respeito?" Dessa forma, provavelmente o cliente se pronunciará e explicará o que está acontecendo. Ele pode dizer que não tem mais orçamento e que precisará interromper o processo; que simplesmente desistiu e não vai mais comprar, etc. Seja o que for, ele lhe dará uma resposta. Ao menos, nunca aconteceu comigo de isso não acontecer, pois sempre tratei os clientes com educação, respeito e muita atenção. É importante não ter medo de fazer essa cobrança, porque você construiu desde o começo uma relação de confiança e transparência. Caso o cliente não feche, e isso pode acontecer, você precisa saber disso.

Novamente, há atuações possíveis para cada uma das três possibilidades de resposta:

1. O cliente quer fechar, mas tem algum entrave para fazer isso imediatamente:

Se você perceber que o cliente quer muito fechar, mas algo o impede, como a falta de orçamento ou outro detalhe que você possa resolver, faça de tudo para contornar a situação. Caso ele diga que está sem verba, por exemplo, você pode oferecer uma condição comercial para ajudá-lo. Já aconteceu isso comigo. Percebi que o cliente queria fechar, tinha gostado da nossa proposta, mas estava inseguro. Algo o bloqueava. Quando dei abertura, ele revelou que tinha muito interesse, mas estava sem orçamento para aquele ano. Eu disse algo como: "Obrigado por ter me dito o que está acontecendo, posso fazer uma proposta para tentar resolver esse seu problema?". Ele aceitou e eu continuei: "Vamos fazer o seguinte, se você está sem budget para este ano, eu instalo o produto agora e você começa a pagar só em janeiro do ano que vem". Estávamos mais ou menos em outubro, e eu tinha como oferecer aquela condição de pagamento. O cliente ficou muito satisfeito com a proposta, assinamos o contrato com a nova forma de pagamento e fechei a venda. Se eu não tivesse dado a chave de pescoço, ele poderia ter me enrolado até o começo do ano seguinte para fechar. Com a minha postura, antecipei a venda e ganhei tempo partindo para outras. Essa é a vantagem de forçar o cliente a tomar uma decisão. E é dessa forma que o(a) vendedor(a) potencializa suas vendas, conseguindo melhores resultados.

Às vezes, o impedimento pode ser justamente a pessoa com quem você está negociando. Teve uma vez em que fui fechar o negócio e comecei a "apertar" o cliente para lhe dar chave de pescoço. Eu não conseguia fechar e percebi, quando o questionei, que o gerente que estava conduzindo o processo comigo queria fechar, mas a decisão não era dele, e sim do diretor. Eu não tinha o contato desse diretor, mas, nas minhas pesquisas, descobri que o sujeito tinha participado de um projeto de fibra óptica junto com o CEO do Grupo Algar na época, que era o José Mauro Leal Costa. Consegui o contato do José Mauro e pedi para ele me ajudar, ligando para o diretor em questão. Ele fez isso e fechei o negócio muito rápido. Observe mais uma vez a importância do networking para concluir uma venda.

2. A proposta ainda não está exatamente do jeito que ele quer e você deve voltar para a fase de execução, ou até de planejamento:

Pode ser que, apesar de tudo o que você já fez até este momento, ainda haja detalhes que precisem ser explorados para a proposta ficar exatamente como o cliente precisa. Nesse caso, provavelmente você perceberá que o comprador possui muitas dúvidas sobre o pedido, mostra indecisão e ainda faz perguntas. Nessas horas, é importante saber diferenciar se as questões se referem apenas a detalhes técnicos, que não mudam a essência do projeto, ou se de fato são ajustes que pedem o retorno para a execução, ou para o planejamento. Se forem detalhes mínimos, de pouca relevância, cabe tentar fechar o quanto antes e sugerir fazer os ajustes posteriormente, sem ônus para o cliente. Uma sugestão é dizer algo como: "Olha, esses detalhes que você está pedindo são mínimos, vamos fechar? Fique tranquilo que corrijo isso para você depois". Ao fazer isso, você antecipa reuniões e tira barreiras para o cliente fechar o negócio.

Contudo, caso as mudanças solicitadas sejam grandes, e você sentir que ele quer mesmo fechar, seja paciente, tenha disciplina e refaça o projeto para ficar exatamente como ele espera. Assim, você abre a possibilidade de retornar com uma proposta impecável e, então, finalmente fechar.

3. O cliente não vai fechar o negócio e lhe informa o motivo

Há casos em que o cliente realmente se desinteressou pelo projeto, mudou de ideia e não quer mais fechar. Por mais que essa não seja a resposta que você gostaria de ouvir, cabe novamente manter o controle emocional e saber finalizar o processo. Faça isso somente se você já tiver feito tudo o que podia, dado o seu melhor e evidenciado que o cliente não dá mesmo sinais de que vai fechar. Ficar insistindo em uma venda que não acontecerá é prejudicial porque toma o seu valiosíssimo tempo, que poderia ser gasto em outras prospecções. Lembre-se: você tem que fazer R$ 1 milhão em vendas em um mês. O tempo, nesse caso, é seu inimigo.

Para saber o que realmente impede o cliente de avançar, você pode chegar e dizer algo como: "Estou percebendo que você se desinteressou pelo que estou oferecendo. Poderia me confirmar isso? Gostaria que você fosse sincero e abrisse o jogo comigo. Entendo que as coisas mudam e, se você desistiu, gostaria de saber para eu não o incomodar mais". É claro que esse é o meu jeito de falar. O ideal é encontrar o seu jeito educado de ter essa conversa franca com o cliente, de forma a deixar uma abertura para vocês conversarem futuramente. Já aconteceu de eu dar essa chave de pescoço, e o cliente falar que realmente não queria mais e que voltaria a me procurar caso quisesse. Existiram casos em que, de fato, ele voltou e fechou comigo, por isso é importante deixar sempre as portas abertas. Claro= que há casos em que a pessoa nunca mais volta a procurá-lo, mas faz parte do jogo, e saber lidar com isso é essencial para o(a) vendedor(a) de sucesso.

Não feche portas

Deixar a porta aberta para o futuro é importantíssimo quando falamos em relacionamento com o cliente, tenha ele fechado com você ou não. O(a) vendedor(a) exponencial não se deixa abalar com um "não", muito pelo contrário: ele(a) segue a mesma linha de ação feita desde o começo do processo de venda. Mantém-se confiante, aberto e disponível para futuras conversas e oportunidades. Se você chegou até a etapa de fechamento e conseguiu abertura do cliente para recebê-lo algumas vezes, é porque você despertou nele algo de positivo, e o comprador no mínimo gostou da sua empresa e se interessou por aquilo que você ofereceu. Caso contrário, ele não teria nem aceitado ouvi-lo. Nada foi ao acaso, mas, sim, fruto do seu esforço e preparo. Essa pessoa já o conhece e tem uma predisposição positiva para recebê-lo futuramente. Não desperdice isso.

Ao ouvir um não, é comum o(a) profissional de vendas desanimar, ficar com raiva do cliente, sentir-se enrolado e pensar algo como: "Nunca mais volto nessa empresa". Porém, aí sim você tem que voltar, porque aquela pessoa já o conhece e será mais fácil marcar uma nova visita no futuro. Você também não precisará fazer todo o trabalho de planejar e pesquisar, porque, da mesma forma, já conhece o cliente. O correto é pensar que não deu certo da primeira vez, mas na próxima vai dar. Como vendedor, já tive vários casos de empresas para as quais eu queria vender e recebi primeiro um não, depois voltei a bater na porta e ouvi um sim. Isso faz parte da vida do(a) profissional de vendas. Não se deixe levar pelas emoções e lembre-se que essa é uma relação comercial, na qual o principal interessado em que tudo dê certo é você mesmo.

Por isso, é importante ter controle emocional, jogo de cintura, e deixar sempre a porta aberta. Se possível, já saia da última reunião com a sugestão de marcar uma visita no futuro, para apresentar novos serviços ou condições. Pergunte ao cliente algo como: "Posso voltar a procurá-lo daqui a seis meses?". Aproveite o argumento que ele lhe deu para não fechar e use-o a seu favor. Se ele disser que não tem orçamento no momento, pergunte um bom período para voltar a entrar em contato. Se ele alegar ter desistido do projeto, marque na sua agenda para procurá-lo dentro de alguns meses, quando ele já poderá ter mudado de ideia.

No início da minha carreira na Algar, eu tinha muita vontade de vender para provedores de internet. Eles compram links de operadoras para revender e, como geralmente adquirem em grande quantidade, era uma venda vantajosa para mim. Lembro claramente que visitei várias vezes um provedor, e sempre ouvia dele uma negativa, dizendo que fecharia com o concorrente. Mas eu não desistia, falava que voltaria. Eu sabia que os contratos da concorrência duravam 12 meses, então costumava retornar em nove, para dar tempo de negociar e fechar exatamente no prazo. Certa vez, ele fechou comigo. Ou seja, nunca se pode desistir. Também acontece muito de o cliente fechar com a concorrência, mas ter uma experiência ruim a ponto de voltar a entrar em contato com você. A venda fica mais fácil quando já se tem um histórico de relacionamento. Quer uma visita mais fácil do que essa? Sugiro que tenha uma planilha de controle com os nomes de todos os clientes que não fecharam com você, os motivos e as datas para voltar a entrar em contato. Hoje em dia, com a tecnologia, é ainda mais fácil fazer isso, seja pela agenda do celular ou por meio de algum aplicativo. Portanto, não se esqueça: sempre haverá metas e sonhos a serem realizados, e o(a) vendedor(a) exponencial pensa no longo prazo.

Há algum tempo, por exemplo, troquei o carro da minha mulher, e a vendedora da concessionária me ofereceu um seguro para o automóvel. Recusei-o porque iria transferir o seguro do carro anterior para o novo, pagando apenas a diferença. Imediatamente, a vendedora perguntou: "Mas quando vence esse seguro que você tem? Posso entrar em contato nesse prazo?". Informei-lhe a data, e ela de fato me procurou para fazer uma proposta. Acabei não fechando porque ela não chegou ao melhor preço, mas fez o trabalho dela.

Tenha sensibilidade para desistir

Nesta etapa do fechamento, falo de casos em que o cliente aceitou receber você em todas as fases do processo de venda. É possível dar a chave de pescoço apenas quando esse relacionamento já tiver sido criado. E qualquer vendedor(a) minimamente experiente sabe que não é sempre que isso funciona, ou seja: muitos deixarão você sem respostas no meio do caminho, não o receberão e não será possível chegar até o fechamento do negócio.

Em qualquer fase do processo de venda, pode acontecer de o(a) vendedor(a) não conseguir avançar as etapas porque o cliente simplesmente sumiu do mapa e não lhe responde nem o(a) atende mais. É comum o profissional de vendas ir à visita, apresentar a proposta e depois nunca mais receber um retorno, por exemplo. Nessas horas, infelizmente, é preciso ter sensibilidade e saber a hora de desistir. Você não venderá para todos. É justamente por isso que, na fase do planejamento, mapeamos as oportunidades levando em conta a taxa de conversão. É necessário ter sensibilidade de interromper as etapas para não perder tempo. Você fez o seu melhor, mas o cliente não lhe responde mais? Não perca o seu tempo apostando todas as suas fichas em uma coisa só. Capitalize ao máximo suas horas, que são o seu bem maior. Vá para o próximo. E lembre-se sempre: até o final do mês, você terá que vender um valor suficiente para realizar o seu sonho pessoal.

Obter ou não uma resposta no fechamento também depende muito do tipo de público com o qual você lida. Quando vendemos para compradores profissionais (da área de compras), por exemplo, provavelmente não será necessário trabalhar toda essa sensibilidade no fechamento. Salvo raras exceções, esse profissional já fala de cara que não quer comprar ou que só fechará com você futuramente, pois ele está acostumado a lidar com isso no dia a dia, a profissão dele é comprar o dia inteiro. Essa postura, porém, pode ser mais rara quando a venda é feita para um técnico ou especialista que é usuário do serviço ou produto, pois ele não é especializado em relações comerciais.

Normalmente, em vendas para médias e grandes empresas, existem duas figuras: o interessado principal ou usuário final, a quem chamo de comprador técnico, e a área de compras, que em grande parte das empresas é responsável apenas por formalizar o negócio. Eu diria que o principal trabalho do vendedor é convencer o usuário final do produto ou serviço, pois a área de compras normalmente não é decisora, apenas discute preços e condições de pagamento. O(a) vendedor(a) tem que se preocupar em agradar a quem vai usar o que ele(a) vende e falar diretamente com essa pessoa – o que já abordei nas fases de planejamento e execução. Quando essas etapas são bem-feitas, dificilmente a área de compras terá uma postura decisiva no processo de vendas – a não ser que o seu único diferencial seja preço ou condição de pagamento.

Feche com segurança

Há vendedores que naturalmente têm um tempo de fechamento mais longo ou que sentem dificuldade ao fechar um negócio. É o profissional que vai e volta várias vezes, transita pelas etapas de planejamento e execução e não consegue colocar um basta no processo. Isso tem muito a ver com insegurança. Por essa razão, insisto na tecla de que o(a) vendedor(a) precisa se planejar, estudar, estar preparado(a) e entender o mercado em que atua. Posturas assim fortalecem um bom fechamento. O empoderamento, a segurança, a objetividade e a tomada de decisão são fatores-chave na hora de fechar negócio.

Já tive casos em que bons vendedores estavam claramente na etapa de fechamento, mas não conseguiam bater o martelo. Às vezes, o cliente já está preparado para concluir a compra, mas o próprio vendedor está tão inseguro, que transmite esse sentimento ao comprador, fazendo-o voltar às etapas anteriores.

É preciso ter consciência de que, quando chega a hora de arrematar, é para fechar e ponto final: ou de forma natural, segundo o andar da carruagem do processo, ou dando uma chave de pescoço e forçando a decisão do cliente. Vá para a reunião decisiva com uma certeza em mente: "Estou indo para fechar e, se eu voltar alguma etapa, será por causa do cliente, não porque eu voltei".

Peso do fator emocional

Como já pontuei, o(a) vendedor(a) é um(a) profissional que começa o mês em dívida, correndo atrás do prejuízo, da meta para bater. Pode ser que a sua meta não seja mensal, mas trimestral, semestral ou anual. Independentemente disso, quando acaba esse prazo, por mais que você tenha feito 200% da meta do período anterior, já estará devendo novamente. A vida é assim para quem trabalha com vendas. O(a) bom(boa) vendedor(a) não se deixa abalar por essa dívida, muito pelo contrário: usa-a como um estímulo, um desafio a ser vencido.

Certa vez, acompanhei um vendedor em uma visita no final do mês, e ele precisava daquela venda para bater a meta. Fomos visitar um cliente que ele já conhecia há muito tempo, da carteira dele, com quem tinha afinidade. Quando nos sentamos, o cliente disse que tinha gostado da proposta, mas queria saber qual era o nosso diferencial em relação ao concorrente. De bate-pronto, o vendedor explicou que a nossa solução era personalizada para a necessidade específica dele. O comprador rebateu dizendo que a do concorrente também era, e devolveu: "Por que devo comprar de você?". O vendedor alegou de tudo: preço competitivo, boas condições de pagamento, qualidade, acompanhamento no atendimento. Para todas as alegações, o cliente justificou que o concorrente oferecia o mesmo. Estava claro que o comprador jogava na negociação e deu uma última cartada: "Me dá mais uma razão para eu comprar de você". O vendedor, que já tinha usado todos os seus argumentos, afirmou: "Compre para me ajudar. Você me conhece há bastante tempo e eu preciso bater a meta do final do mês. Então você compra de mim para me ajudar". O cliente comprou dele.

Logicamente, cada venda é uma situação única e, naquele caso, a relação dos dois era de longa data. O vendedor estava no seu limite e precisava bater a meta, mas o lado emocional, em situações como essa, pode pesar na decisão final. Os produtos e serviços eram exatamente iguais entre os concorrentes, mas o cliente comprou por causa do vendedor, para ajudá-lo. Se ele não tivesse construído um bom relacionamento, não teria abertura para aquela argumentação final e, consequentemente, não teria feito a venda nem batido a meta do mês.

Fechamento implacável

Uma coisa é certa: alguns profissionais têm maior habilidade em certas etapas do processo de venda que outros. Assim como em tudo na vida, temos mais facilidade com determinadas coisas e mais dificuldade com outras. Há vendedores que são excepcionais em planejar e executar, mas travam e têm uma pior performance no fechamento. Por outro lado, há aqueles que não planejam ou executam muito bem, mas têm grande habilidade na hora de concluir a negociação. Independentemente de qual for o seu perfil, o importante é identificar seus pontos fracos para aprimorá-los, sempre em busca de melhores resultados.

Durante toda a minha trajetória com vendas, tive a oportunidade de trabalhar diretamente com os mais variados perfis de pessoas e sempre tentei incorporar o que vi de bom neles. Percebi que indivíduos com características muito técnicas, por exemplo, têm maior dificuldade em finalizar um negócio. Isso não é uma regra, de forma alguma quero generalizar, mas normalmente esse é um perfil mais detalhista, que fica desenvolvendo a solução e gosta de discutir especificidades na etapa final. O(a) vendedor(a) tem que fazer tudo isso, mas deve saber a hora de falar não, colocar limites na negociação e fechar.

Na minha equipe, havia um vendedor espetacular nessa fase que chamo de "fechativa", o Luiz Gustavo Palestino – que hoje, inclusive, é gerente na nossa empresa. Arrisco dizer que ele é o maior especialista em fechamento de negócios que já conheci em toda a minha carreira. Quando o contratei, percebi que ele tinha uma performance muito superior à dos demais vendedores da equipe. Ao pesquisar, descobri que o networking dele era muito bom, pois conhecia pessoas influentes para encurtar o caminho até o decisor final. Porém, o mais notável era o quão curto era o ciclo de venda do Palestino. Ele planejava, visitava o cliente uma primeira vez, voltava para elaborar a proposta, fazia a segunda visita e já fechava na terceira. Essa rapidez é rara em vendas consultivas, como expliquei anteriormente. Comecei a acompanhá-lo nas visitas e notei que, assim que ele se sentia seguro e julgava que a proposta era boa para o cliente, já o forçava a tomar uma decisão. Era um vendedor bastante objetivo, não tinha medo do não e sabia colocar um ponto final na negociação.

Em determinada venda do Palestino, visitamos o cliente várias vezes e fizemos tudo o que ele queria. Na hora de assinar o contrato, o comprador leu e perguntou: "Mas e esse detalhe aqui?", como quem quer mais uma vantagem sobre algum ponto. O Palestino não teve dúvidas e, em tom descontraído, mas com segurança, disse: "Olha, fiz tudo o que você quis, agora pega essa caneta e assina essa m_ _ _ _ !". O cliente ficou quietinho e assinou. Eu estava assistindo tudo e fiquei pasmo. Obviamente, meu vendedor tinha bastante intimidade com o comprador para fazer aquele comentário. Cada um tem seu senso de humor e estratégia e, provavelmente, há clientes que não dão abertura para comentários como esse. O mais importante nessa história é entender que o profissional de vendas deve saber impor limites, falar não e concluir uma negociação.

De tão bom que o Palestino era, às vezes eu pedia a ele para acompanhar determinado colega que tinha dificuldade em fechamento. Um deles era muito bom em planejamento e execução, mas nada objetivo quando o assunto era finalizar um negócio. Por alguma dificuldade pessoal, esse profissional não conseguia forçar os clientes a tomar uma decisão, ficava com vergonha de pressioná-los. Pedi ao Palestino, então, para ir com ele a um almoço com um potencial cliente. O vendedor havia feito tudo certo até então, e o comprador estava satisfeito com a proposta, mas por algum motivo estava enrolando para fechar. Na volta, o Palestino trouxe o contrato assinado e me contou que, de fato, o colega de trabalho estava esperando uma iniciativa do cliente para colocar um ponto final no assunto. Já no término do almoço, quando notou a passividade desse colega, o Palestino rapidamente tomou a iniciativa, deu uma leve forçada e informou o cliente que havia levado a proposta para ele assinar. Se aquele vendedor tivesse ido sozinho, provavelmente não teria feito nada.

Quando eu tinha cerca de 25 anos, aprendi muito sobre negociação com um vendedor experiente chamado Edson Riera, já citado em páginas anteriores como um dos profissionais que foram verdadeiros mentores na minha carreira. O Riera devia ser uns 20 anos mais velho que eu, que ainda trabalhava na empresa portuguesa Cabelte quando o conheci. Ele era um dos diretores da companhia, mas já havia sido secretário municipal de Indústria e Comércio da Prefeitura de Itajubá, região onde a Cabelte havia se instalado. Por conta dessa experiência no setor público, ele era alguém a quem sempre procurávamos quando precisávamos vender para algum órgão do governo. E a primeira vez que me aproximei dele foi para me ajudar em uma licitação da Companhia Hidroelétrica do São Francisco (Chesf).

Riera era um vendedor por excelência, e grudei nele para pegar experiência. Eu era um vendedor muito jovem, tinha o componente técnico, mas determinados saberes só se adquirem com a voz da sabedoria. Aliás, essa aproximação que tive com ele na época trouxe mais negócios tanto para mim quanto para ele. Enquanto ele se aproveitava do meu ímpeto da juventude, eu me beneficiava dos conhecimentos dele. Foi uma parceria muito boa para a Cabelte e para nós dois.

À medida que fomos trabalhando juntos, percebi qualidades nele que eu não tinha e precisava aprender. Até então, eu sabia me aproximar muito bem dos clientes, entendia o problema deles e oferecia uma boa solução, mas não sabia muito bem a hora de parar, de dar um basta nas conversas. Era comum eu aceitar qualquer pedido do comprador para fechar logo. O Riera me dizia que não podia ser assim, que eu tinha que ter paciência, que era importante negociar mais e testar o limite do cliente para extrair o melhor preço pelo qual eu pudesse vender. Ele me ensinou muito coisas assim. Para que a tática funcione, novamente é preciso estar atento aos sinais do comprador e entender o quanto aquilo que oferecemos é necessário para ele. O cliente não compra porque é bonzinho ou porque você é legal, mas, sim, porque você está resolvendo um problema dele, seja ele pessoal, profissional ou da empresa onde ele trabalha. Por isso, é importante o vendedor testar esse limite e não se menosprezar.

O Riera sabia blefar, trucar com o comprador. Conseguia sair da guerra de preço com atitudes seguras. Se o cliente pedia um desconto excessivo, que ultrapassava os limites do negociável, ele saía da mesa e falava algo mais ou menos assim: "Só venderei para você quando tiver condições de me oferecer um preço que eu possa fazer e que atenda às suas necessidades. Caso contrário, não venderei porque não lhe entregarei com a qualidade esperada, e você ficará insatisfeito comigo".

Ele lançava mão de metáforas, jogos de palavras e fazia piadinhas na mesa de negociação. Um fato que me marcou muito foi um livro com expressões em latim que ficava na mesa dele. Virava e mexia, ele soltava uma dessas sabedorias latinas no meio de uma visita. O cliente, sem entender, perguntava o que elas significavam. Era algo como Alea jacta est, que quer dizer "A sorte foi lançada". Isso dava contornos e respiros para ele conduzir a negociação, aumentando a nossa margem.

Às vezes, Riera exagerava na hora de contar um episódio. Em determinada reunião, eu estava com ele em uma dessas empresas elétricas que queriam comprar uma grande quantidade de cabo. O cliente desejava alinhar os valores, mostrando que o que vendíamos estava acima do orçamento dele, e solicitou: "Vocês estão vendendo a R$ 5 o metro, conseguem fazer por R$ 4,8 para mim?". A gente fez um teatrinho, alguns cálculos, e concordou. Porém, o comprador refletiu e, não satisfeito, pediu mais vantagens. Fizemos um novo teatro e dissemos: "Ok, tudo bem!". Na terceira rodada, o interlocutor pediu para inserirmos alguns produtos extras na proposta, mas mantendo o preço. Nesse momento, o Riera ficou de pé e começou a arrancar seu cinto e desabotoar a calça. "O que você está fazendo?", perguntaram os clientes. Eis que ele respondeu: "Estou abrindo a calça porque percebi que vocês estão querendo me ferrar". Todos riram, o cliente acabou comprando, e a gente não cedeu o que ele queria. O Riera tinha muito desse lado cômico, acompanhado de uma boa dose de segurança.

Por isso, digo sempre: você deve saber dizer não. Entenda o que o cliente precisa, vá a fundo na necessidade dele, resolva-a e não venda só pelo preço. Todavia, no final das contas, você como vendedor(a) representa uma empresa que busca o lucro e, sobretudo, quer fazer a melhor venda possível para realizar também o seu sonho pessoal, acertar o seu *moonshot*. O Riera sabia dizer não de maneira ora elegante, ora cômica, ora intelectual. E uma qualidade do(a) bom(boa) vendedor(a) é justamente esta: saber negar quando chegar ao seu limite e destravar a negociação.

Recapitulando a etapa de fechamento

O grande ponto desta etapa é sair da reunião com uma decisão do cliente.

Quando o(a) vendedor(a) é estratégico(a) e planeja bem desde o começo do processo de vendas, as chances de o comprador fechar de forma natural, seguindo a ordem das visitas, são altas.

Contudo, por diversas razões, existe a possibilidade de isso não acontecer. Algo pode estar impedindo o decisor de fechar, ou ele simplesmente desistiu da compra e não tem coragem de dizer isso para você.

Nessas situações, cabe ao(à) profissional de vendas dar a chave de pescoço e pressionar a tomada de decisão, pois ele possui um sonho, um foco e um objetivo, não tem tempo a perder. Para isso, recomendo lançar mão de estratégias e sair do fechamento com um:

- "Sim": o cliente toma a decisão de compra;
- "Não": cliente explica porque não vai fechar, e o vendedor assume o compromisso de procurá-lo no futuro;
- "Talvez": é preciso voltar para o planejamento e a execução e refazer a proposta.

Parte 4 - Pós-venda: o cliente é seu maior patrimônio

O pós-venda é uma etapa muitas vezes ignorada por vendedores imediatistas, que acreditam que o processo se encerra quando o cliente fecha a compra. Contudo, o profissional que pensa grande, que busca resultados exponenciais, não se contenta em vender apenas uma vez e pretende fidelizar o cliente sabe que a relação de venda não acaba nessa hora.

Podemos considerar que o pós-venda seja a cereja do bolo. Depois que você já cumpriu com excelência todas as etapas anteriores, conquistou o cliente, foi transparente, eficiente, despertou credibilidade e está bem-conceituado nessa relação comercial, por que vai jogar tudo isso fora? O(a) vendedor(a) exponencial não coloca tudo a perder. Ele(a) faz o serviço completo, "barba, cabelo e bigode", como diz a expressão popular.

O pós-venda existe justamente para manter a sua boa reputação com o comprador e garantir a execução de tudo o que você lhe prometeu durante as visitas. Serve para dar suporte ao cliente e não o abandonar depois que a venda for fechada. É uma etapa que consiste em acompanhar se o que você vendeu está sendo entregue. Certifique-se de que o comprador recebeu tudo o que contratou, de que a entrega ocorreu conforme o combinado, dentro do prazo estabelecido e com qualidade no atendimento.

Em grande parte dos casos, após a venda o cliente começa a interagir com outras áreas da empresa que você representa, mas o "filho" ainda é seu. Pensar que acompanhar a entrega é responsabilidade de um setor específico, que essa parte não está mais na sua alçada, é uma atitude que certamente afastará você do cliente, colocando a perder todo o relacionamento e a aproximação que foram conquistados arduamente nas etapas anteriores. Lembre-se: você conquistou a venda, firmou um compromisso com aquela pessoa ou empresa. Não jogue isso fora.

Até então, o comprador tratou de tudo apenas com você, que é para ele o principal contato com a empresa. Por conta dessa proximidade, muitas vezes essa pessoa liga direto para você na hora de falar sobre algum problema ou necessidade com o pedido, antes de abrir chamado na central de atendimento. Isso é comum porque foi você quem estabeleceu os primeiros laços com ele. Imagine o quão frustrante seria se, depois da venda, aquela pessoa que tratou de tudo com você o procura e escuta algo como: "Ah, agora não é mais comigo". Pois há vendedores que fazem isso e depois não entendem porque não fecham novas vendas.

Seu papel como vendedor(a) é garantir que tudo ocorra extremamente como foi acordado, oferecendo-se para apoiar e aproximar o cliente às novas áreas da empresa com quem ele passará a ter contato. Ofereça suporte, transmita segurança durante a etapa de entrega e auxilie na resolução de problemas, caso necessário.

Lembre-se de todo o esforço que você fez para garantir aquela venda e não coloque tudo a perder agora que o cliente tem tudo para ficar satisfeito. O compromisso firmado com ele deverá ser assumido. Há algumas atitudes simples que fazem toda a diferença no pós-venda, de forma que o comprador sinta que não foi abandonado e que valeu a pena ter fechado negócio com você. Isso certamente fará com que ele mantenha um alto nível de satisfação com os seus serviços e que você seja o primeiro a ser lembrado quando ele precisar comprar de novo ou fazer uma recomendação a alguém.

Mantenha um canal aberto com o cliente

Quando ainda estava negociando, certamente você manteve um canal de comunicação ativo com o comprador, tanto presencial como remotamente (via telefone, e-mail ou WhatsApp). É interessante que, alguns dias depois que a compra for fechada, você use esse mesmo canal para saber se está correndo tudo bem. Certifique-se de que a entrega esteja ocorrendo como o combinado, se ele está sendo bem-tratado e se você pode ajudá-lo com alguma coisa.

Vá além e combine uma visita presencial para obter um retorno da experiência dele e acompanhá-lo. Uma atitude como essa estreita a relação de confiança e cria inúmeras oportunidades futuras, porque o cliente geralmente não está esperando essa visita após a entrega. Se você fizer isso, não tenha dúvidas de que ele vai procurá-lo da próxima vez que precisar comprar algo relacionado ao que você vende. Muito provavelmente, você será o primeiro da lista, e o cliente sequer vai consultar a concorrência. Em alguns casos, ele poderá até consultar a concorrência, porque as empresas são obrigadas a fazer isso, mas ele vai considerá-lo, negociar com você e indicá-lo a parceiros comerciais. Caso você mude de empresa e passe a vender outras coisas, com certeza será atendido e ouvido por esse cliente, porque ele vai confiar na sua palavra, independentemente daquilo que você venda.

A vida do vendedor é sempre muito corrida, mas tente, se possível, fazer essa visita presencial no pós-venda. Caso realmente não dê tempo, você pode mandar um e-mail ou fazer uma ligação, mas não deixe de acompanhá-lo também nessa fase.

Quando eu era vendedor, gostava de visitar pessoalmente os compradores depois da entrega, quando tudo já estava funcionando normalmente, só para perguntar se eles estavam felizes e se tudo estava acontecendo de acordo com o que eu havia prometido. Eu não vendia nada nessa visita, apenas ouvia o retorno do cliente para garantir que tudo aquilo que eu havia proposto tinha sido entregue. Com isso, eu surpreendia a pessoa, que ficava ainda mais satisfeita comigo e com a empresa.

Descascando abacaxi

Parte do trabalho de pós-venda envolve contornar eventuais problemas que possam acontecer no processo de entrega dos produtos ou da prestação do serviço. E o(a) vendedor(a) não pode fugir de cena caso eles ocorram.

Já passei por um caso desses como vendedor, no qual, durante a entrega, chegamos à conclusão de que não poderíamos oferecer o que havíamos prometido ao cliente. Ninguém errou, foi realmente um projeto que acreditávamos que daria certo, mas depois vimos que, na prática, não dava. Imagine se, nessa hora, você – a pessoa que esteve lá em toda a negociação e fez a promessa – desaparecesse do mapa e pedisse para o cliente resolver tudo direto com a central de atendimento? Isso certamente lhe causaria uma péssima reputação.

É, inclusive, nessas horas que o(a) profissional de vendas deve se mostrar ainda mais presente, oferecendo alternativas, soluções, e garantindo que o erro será consertado. Assuma a sua responsabilidade, volte no cliente, mostre as opções para resolver o problema e pergunte se ele concorda com alguma delas.

Na Algar Telecom, para todos os clientes que recebem o nosso contrato, enviamos junto uma escalation list, uma lista com os cartões de visita de todas as pessoas da empresa que podem ser acionadas se algum problema não for resolvido. A lista começa pela central de atendimento, vai crescendo e chega até mim, que sou o diretor. Damos a liberdade de o cliente procurar quem ele quiser para solucionar o problema. Se optar por pular etapas e ligar direto para mim, ele pode.

Todo ser humano gosta de ser bem-tratado

Novamente reforço o óbvio: o(a) vendedor(a) não pode jamais esquecer que está lidando com seres humanos. Todos nós, sem exceção, gostamos de ser bem-tratados. E qual é a tendência de quem é bem-tratado? Voltar. Lembre-se, sobretudo, do que já falei anteriormente: para vender, é preciso gostar de gente e de se relacionar. Você não pode fazer o pós-venda artificialmente. É preciso ser atencioso(a) e demonstrar preocupação, porque realmente tem interesse que a outra pessoa fique satisfeita, para que você possa vender mais vezes.

O cliente cativado é o maior patrimônio do profissional de vendas. Cultive-o por toda a sua vida. Fazendo isso, por mais que você venha a comercializar outro produto no futuro, estará apto a oferecer qualquer coisa para a clientela que você cativou e que confia na sua palavra. A segunda venda também fica muito mais fácil quando um bom pós-venda é realizado. Quanto mais efetivo for esse pós-venda, mais o ciclo virtuoso de vendas acontece.

Jamais podemos nos esquecer de que todas as etapas das quais falamos neste livro visam a um único objetivo: ser um(a) vendedor(a) exponencial para realizar um grande sonho. Cada fase de venda deve ser trabalhada com excelência, pois temos o nosso *moonshot* a nos guiar. O(a) vendedor(a) excepcional, exponencial, não faz nada de forma automática, por acaso. Os grandes diferenciais desse tipo de profissional são o preparo e a sensibilidade com as relações humanas. Esse é o perfil de vendedor(a) que o mercado precisará para sempre, mesmo com a evolução tecnológica: aquele profissional comercial que lida com vendas complexas, consultivas, personalizadas. O grande diferencial que temos em relação às máquinas é justamente a nossa capacidade de adaptação, sensibilidade, leitura da linguagem corporal, atenção e de fazer com que o cliente se sinta exclusivo. É o preparo e o planejamento, somados ao contato humano, ao face to face e à dedicação presencial, que fazem a venda.

Tenha como exemplo o meu caso: na minha vida inteira, sempre vendi produtos de pouca diferenciação entre a concorrência. O produto internet banda larga, o concorrente tem. O que faz diferença para o cliente, então? Na minha empresa, ele consegue falar com alguém na mesma hora que tem algum problema. Sabe que será ouvido e que não vai falar com uma máquina. No fundo, mais do que acesso à rede, nós vendemos atenção, qualidade no atendimento e contato com o ser humano.

Toda venda complexa, consultiva, personalizada, é feita de pessoas para pessoas. O cliente não compra apenas o seu produto, ele compra a sua confiança. Quando compramos algo, queremos também ter uma boa experiência de compra. É isso que está em jogo, esse é o bem mais valioso do(a) vendedor(a) exponencial, que está fazendo uma venda hoje pensando já nas próximas, no seu sistema infalível, no seu ciclo virtuoso de vendas.

Claro que o cliente não compra só por causa do vendedor, mas também porque tem uma necessidade a ser atendida. Em alguns casos específicos, compra ainda porque a marca da empresa que o(a) vendedor(a) representa é boa. Mesmo assim, quanto mais preparado o(a) vendedor(a) estiver, mais vendas ele(a) fará. Se você representa uma marca ou companhia muito forte e pensa que não precisará se esforçar muito para vender, está redondamente enganado. E imagine o quanto você poderia potencializar seus ganhos caso aprimorasse suas habilidades.

As metas nunca acabam

Ser vendedor(a) é, sobretudo, um exercício constante de motivação, porque sempre haverá uma venda à sua espera para ser feita. Quando você bate uma meta, no mês seguinte já tem outra o(a) aguardando. Por isso, você sempre terá que se reinventar. Essa motivação, insisto, vem do seu sonho, da sua ambição, da sua realização pessoal, do seu *moonshot*. É principalmente isso que guia o(a) vendedor(a) a todo momento, em cada uma das etapas de venda. No final das contas, esse é o grande diferencial do(a) profissional que pensa grande. Saber aonde se quer chegar é essencial para descobrir o como. O(a) vendedor(a) motivado(a) estuda mais, aprofunda-se mais, demonstra confiança e transmite segurança ao cliente. A motivação para fazer mais e melhor vem daí: do sonho que é definido logo no início do processo de planejamento. Nossos projetos pessoais mudam a todo momento, então é importante que essa motivação seja revista a cada nova fase da sua vida. E sempre saiba por que você está vendendo aquilo que vende.

Posso afirmar, com certeza absoluta, que os vendedores motivados são aqueles que vendem mais. Isso é evidente em toda a minha trajetória de mais de 30 anos de carreira, em que já acompanhei mais de 500 profissionais nas minhas equipes ou como colegas de trabalho.

É claro que apenas ser motivado não é o suficiente, mas, a partir do momento em que os vendedores estão em um nível de preparo bom, não tenho a menor dúvida de que aqueles com maior motivação interna apresentam melhor performance. Lembre-se sempre disso e busque diariamente o que lhe traz motivação em cada visita. É claro que nós não somos máquinas, há dias em que não estamos bem e imprevistos acontecem a todo momento. Contudo, até mesmo nessas ocasiões difíceis, recordar-se das suas metas pessoais, dos seus objetivos, sonhos e ambições, pode lhe dar forças para não desistir, acordar e sair para vender.

Extra: O Mundo das Vendas Pós-Pandemia: O vendedor e a crise...

No final de março de 2020, quando finalizava esta edição do livro, o mundo enfrentava a pandemia do COVID 19. Vários países haviam decretado quarentena para sua população, limitando a circulação e contato das pessoas nas cidades e restringindo algumas atividades comerciais. Uma grande crise econômica e sanitária acontecia no mundo...

Em várias reuniões e eventos em que participava (virtualmente é claro!) eu, como estudioso da área de vendas, era amplamente questionado por vendedores e executivos de empresas sobre quais seriam os impactos da crise da COVID-19 para o mundo das vendas B2B.

Pesquisei e me aprofundei no tema investigando o comportamento das vendas B2B em alguns países do mundo: China, Estados Unidos, Portugal e Brasil. Entrevistei mais de 40 profissionais especializados em vendas consultivas destes países e os questionei sobre o quanto a pandemia da COVID19 estava influenciando na performance de suas vendas.

Curiosamente e de forma quase unânime, os vendedores me relataram que haviam aumentado sua eficiência e seus resultados e apontaram que as principais razões para esta melhoria de performance foram:

- Uma maior quantidade de interações com os clientes devido a substituição de visitas presenciais por reuniões virtuais.

- Uma diminuição no tempo médio de fechamento da venda devido a uma maior virtualização do relacionamento.

- Um maior foco destes vendedores na venda de produtos e serviços para segmentos de negócios **pouco afetados pela crise** como indústria de alimentos, setor agro e tecnologia.

As constatações obtidas neste *survey* aliadas a várias experiências profissionais que vivi durante a quarentena do COVID-19, me motivaram a escrever alguns comportamentos e atitudes que os vendedores exponenciais devem considerar em períodos de crise:

Planejamento:

- Mantenha-se informado, estude a crise sobre diversas perspectivas (economia, saúde, política, etc...) e analise o impacto em relação ao produto ou serviço que você vende.

- Não deixe a crise limitar seu **Moonshot**! Sempre há oportunidades. Faça seu planejamento e direcione seus esforços para a venda de produtos e serviços para setores e pessoas pouco afetadas pela crise.

- Recalcule o quanto você precisa vender para alcançar seus objetivos. Estabeleça novas metas. Talvez você precise vender mais na crise do que em uma situação normal.

- Pesquise, descubra quem é seu público alvo e mapeie de forma abrangente quem são os clientes a prospectar. Identifique quais os negócios são mais ou menos afetados pela crise e o quanto o produto ou serviço que você vende é essencial para o seu potencial cliente.

- Analise e planeje previamente as alternativas e agendas para interagir com o cliente (reuniões virtuais, chamadas telefônicas, mensagens, etc.)

Execução:

- Seja criativo, utilize-se de animações e vídeos para tornar sua proposta mais clara e objetiva para o cliente.

- Opte por visitas virtuais, principalmente com os clientes que já fazem parte da sua rede de relacionamento. Em clientes "prospects", provavelmente uma visita presencial será necessária, mas opte por interações virtuais nas etapas seguintes da negociação.

- Explore ao máximo as redes sociais, apps e softwares para se comunicar com o cliente (Enquanto escrevia este livro os mais comuns eram Zoom, Google Meetings, Webex, LinkedIn).

- Em tempos de crise é muito comum mudanças no comportamento das pessoas. Esteja atento as emoções de seu cliente. Saiba respeitar e entender o melhor momento para interagir.

Fechamento:

- Novamente, dê preferência a reuniões virtuais na etapa de fechamento. Afinal, se você chegou até esta etapa, o cliente já te conhece e a reunião "face-to-face" já não se faz tão necessária.

- Utilize ferramentas digitais para obter a formalização e assinatura do cliente em contratos, propostas, etc... Há grande disponibilidade de softwares autorizados para este fim (Adobe Sign, DocuSign, etc...)

Pós-venda:

- Intensifique o contato com seu cliente. Em momentos de crise, o produto ou serviço que você vendeu pode ser essencial para a sobrevivência do negócio dele. Seja pró ativo, esteja disponível e ofereça todo suporte necessário.

Tenha em mente: Crises vem e vão, sempre geram aprendizados e mudanças (Isto não é um clichê!). Certamente muito dos comportamentos e atitudes citadas nas páginas anteriores criarão uma nova maneira de fazer negócios.

O **vendedor exponencial** sempre se adapta ao novo momento, aproveita as **oportunidades** e as usa como estímulo em busca de seu **Moonshot**.

Posfácio

O poder do vendedor

Tenho para mim que ser vendedor(a) é algo muito poderoso. Se você se inspirar nas ideias deste livro e incorporar no dia a dia a postura de um(a) vendedor(a) de sucesso, em sua essência, notará o poder que está em suas mãos. Infelizmente, ferramentas e estratégias de vendas podem ser usadas para oportunismo, para ser vendedor(a) de uma venda só. Não é esse o caminho que sugiro a quem pretende fazer dessa profissão um meio para realizar seus sonhos e alcançar grandes objetivos.

A intenção com esta obra é que você, vendedor(a) que chegou até estas últimas páginas, consiga captar a mensagem de quão valiosa é a profissão que você escolheu para chamar de sua. Você tem em mãos a oportunidade de atender outras pessoas com um propósito, acreditando naquilo que vende, e oferecer soluções para resolver problemas reais da vida delas ou das empresas para as quais elas trabalham. Você não está pedindo um favor ao oferecer seu produto ou serviço, mas resolvendo

226

algo que alguém precisa, que pode fazer toda a diferença para aquele indivíduo ou companhia.

Tenha consciência desse potencial e use-o para o benefício do cliente. Seja transparente com quem está comprando de você, entenda as suas reais necessidades, compreenda a sua linguagem corporal. Saiba que, por trás do comprador, você está negociando com um ser humano. Estude e atualize-se sempre. Aperfeiçoe-se como profissional de vendas.

Acredito verdadeiramente que, uma vez que você dominar essas ferramentas de vendas e se aprofundar em todos os âmbitos que procurei abordar neste livro, você vai se aprimorar também como ser humano, em todas as suas relações. Você poderá ver o relacionamento com as outras pessoas por um novo prisma; afinal, por mais que seja um chavão, vender é a arte de se relacionar. Que você saiba unir essa sabedoria ao seu preparo constante e entre definitivamente no ciclo virtuoso de vendas, plantando e colhendo constantemente ótimos resultados, e sendo um verdadeiro vendedor exponencial.

PREFÁCIO – Original English Version

The Changing and Evolving Nature of the 'Sales World'

Many people may ask, 'why do we need another sales book.' The answer is quite simple: today, the shape of the sales landscape is dynamic and continuing to shift and as new challenges emerge. Salespeople are required to develop new skills and competencies to avoid becoming obsolete. With the availability of vast sources of information, customers have considerably more power than customers of even just a few years ago. This power demands a better understanding of customer's needs prior to the sales call. It also imposes more demands on their time and more complicated decision-making processes. It is no longer possible to 'sell' to one person. Salespeople are the experts in the sales process, and to be successful they must behave like experts. Sales organizations are introducing increasingly complicated products and solutions, which being with them higher expectations. These demands require smarter sales, customer goals, and team-selling approaches. Sales professionals must understand how to navigate not only the customer's organization but also the internal sales organization, requiring salespeople to become knowledge managers, knowledge brokers, and information dealers.

The nature of a 'customer' has changed in fundamental ways and is continuing to change as the technologies and structures that support the market increasingly become more sophisticated and more democratic. Just as market transparencies have empowered customers, the tactics, approaches, and tools that enable suppliers to serve customers in a competitive fashion also have continued to change. The new consumer retains an extremely high standard for relevancy in all of their interactions with suppliers, who must continually be positioned to answer the question 'How does this (product/service offering, etc.) help me now, and in the future, with these specific aspects of my business? Customers have a reasonable expectation that suppliers will be able to answer this question -- because the quality and level of competition for their business has become higher than it ever has been in the past. The experiences that customers have – the nature of their transactional exchanges and interpersonal interactions – also have become an integral part of the adoption equation.

Customers increasingly expect to have a great deal of attention paid to both to their questions and concerns, but also to their needs and wants as well. Because the market has become so competitive, there are always other suppliers out there who will lavish attention on an account if that's what's needed. Customers will not be ignored, or they will go elsewhere, taking their business with them. The bar with respect to how much time and energy each customer requires also has been raised. This is why it is essential for customers to understand – and to be helped to understand in very explicit terms and in a systematic way – how you will provide them with value. Translating the attributes of your products and services into a value statement that will resonate with increasingly sophisticated customers requires both a deep and current knowledge of your own offerings, as well as with the nature of your prospective (and current) accounts). Only by acquiring and applying this kind of pervasive, sophisticated bi-lateral knowledge, can value be expressed in an effective way.

Not surprisingly, customers also want to be treated in a unique or personalized fashion that reflects their own set of distinct characteristics and individuality of purpose and focus. It is less relevant to you, tactically, to supply products and services to ten businesses with identical patterns of operation and functionality, than for each of these accounts to feel as if you think about their business as being for all intents and purposes, exceptional. Customers want to feel as if you see them in this way, that you explicitly recognize that they are special, and that you treat them accordingly. Effectively transmitting the sentiment that you view each customer as unique is critical for the maximization of lifetime value.

Finally, the 'new customer' both wants and expects that their current, anticipated future (and unanticipated) problems and needs will be addressed by suppliers in an expedited and comprehensive fashion – requiring a deeper level of preparation and understanding. Any kind of substantial lag between the emergence of a problem and a solution sends a poor service-quality signal for which customers have an extremely low tolerance. Whether contractually bound, or not, suppliers should be positioned to quickly locate detailed and extensive information and technical specifications directly pertinent to customers' interests, and effectively package and transmit this information in a timely way.

The Role of the University in Sales Education and Development

As the nature of sales and the expectations of customers are changing, there is a need for more education and training in the sales area. While many companies do not have the resources or personnel to onboard and develop their sales force, many aspiring salespeople need to look elsewhere for sales knowledge. One potential area for development is at the university or college level. Research shows that among salespeople hired over a 10-year period, those graduating with a focus in professional selling achieve quota or break-even 30% faster than non-program graduates. Also, these sales graduates' tenure with the company averaged 40% longer. That is an important difference, given the problem most companies have retaining capable salespeople. Thanks to performance gains and increased longevity, each hire with a sales education netted $175,000 over a hire without a sales education. The academic environment provides significant advantages in many different ways. Studying sales in an academic environment provides students with key analytical tools in terms of addressing and approaching sales problems and opportunities. In addition, studying sales in a university setting allows sales topics to become integrated throughout many departments within the business school, along with marketing, accounting, economics, etc., as well as other schools in the university, such as communications or engineering, where many graduates will have to work with and address real customers in their careers on the frontline. For these students, including a degree or focus in sales, coupled with a major or minor, enhances their attractiveness to business recruiters. With team learning, case competitions, and global inclusion becoming a bigger part of the learning process, the academic environment is clearly positioned for this need.

Perhaps the most valuable aspect of sales education at the university level is that educators are not tied to a singular approach or methodology. There is the potential for professors to teach best-in-breed processes. Some training companies may be better at teaching prospecting skills with their demonstrated method or others are better at teaching needs discovery, most sales training only focuses on one part of the sales process. As professors learn about the various methodologies being offered by different training companies, they can put together coursework and a curriculum that incorporates multiple best practices for each stage of the selling process and different types of sales interactions.

Dr. Adam Rapp Ohio University Executive Director, Ralph and Luci Schey Sales Centre Schey Professor of Sales